カンタン英語を聴きまくれ！

瞬時にわかる
英語リスニング大特訓

精選704フレーズ

SUPER EXERCISE

山崎 祐一
Yamasaki Yuichi

Jリサーチ出版

はじめに

✦ リスニングが難しいと感じている人のための大特訓

　英会話を学んでいるときに、「どうしてもリスニングができない」と感じてしまうことはありませんか。文章に書いてみると、全部知っている簡単な単語なのに、なぜか聞き取れない。「自分はリスニングには向いていないんじゃないかな」とか「耳が悪いんじゃないかな」と悩んではいませんか。

　でも大丈夫！　上手く聞き取れないのには理由があるのです。それが何なのかを突き止め、それさえクリアすれば、リスニングはそんなに難しいことではありません。

　本書は、英語のリスニングが苦手という人が、自分で聞き取りをしながら、同時に発音練習をすることによって、瞬時にリスニングができるように大特訓をする1冊です。英語にはある程度の決まった発音ルールがあります。まずはそれを確認し、リスニングのパターン練習をしていきましょう。

✦ 段階的なリスニング学習法

　リスニングの練習のために、英語をシャワーのように浴びることはとても大切です。しかし、せっかく時間を使うのですから、着実に身につけたいものです。リスニングは何といっても基本が重要です。ランダムに聞き取るよりも、体系的に練習したほうが効果は上がりますし、時間も節約できます。

　本書は、大きく「基礎編」と「実践編」に分かれており、各ユニットが左右のページの見やすい見開き構成になっています。「基礎編」が確実に「実践編」に役立つような展開で、初級の方でもわかりやすく、自分のペースで段階的に練習ができるようになっています。

　また、check inは「チェックイン」ではなく「チェッキーン」のように、聞こえ方（発音）をできるだけ実際の英語の発音に近くなるようなカタカナで表記しています。これはリスニングをするときの大きなヒントになりますし、自分で発音するときにもとても便利です。

　本書と付属のCDを使ってリスニングのパターン練習を繰り返せば、「聞けた！」という実感が必ず得られるはずです。もちろんTOEICなどのリスニングの練習にもなりますし、ルールや例文を音読すれば、英会話の実践練習にもなります。

　リスニングは受身的な活動に思えるかもしれませんが、実はとてもアクティブな行為です。集中して積極的に聞いていく姿勢さえあれば、リスニングの力は身についていくのです！

山崎 祐一

CONTENTS

はじめに	2	練習法	13
リスニングは難しくない！	8	本書の利用法	14

第1部　基礎編

第1章 ｜ これだけは絶対マスターしたい音42

Unit 1	つながる音① stop it	18
Unit 2	つながる音② taste it	20
Unit 3	つながる音③ pass out	22
Unit 4	つながる音④ cheer up	24
Unit 5	つながる音⑤ wash it	26
Unit 6	つながる音⑥ check in	28
Unit 7	消える音① sharp pain	30
Unit 8	消える音② cold drinks	32
Unit 9	消える音③ big game	34
Unit 10	消える音④ stop talking	36
Unit 11	消える音⑤ need to	38
Unit 12	消える音⑥ pet shop	40
Unit 13	消える音⑦ traffic jam	42
Unit 14	消える音⑧ big cat	44
Unit 15	消える音⑨ reading	46
Unit 16	チャ行の音 meet you	48
Unit 17	シャ行の音 miss you	50
Unit 18	ジャ行の音① Could you ~ ?	52
Unit 19	ジャ行の音② as you ~	54
Unit 20	t音の脱落① immediately	56

Unit 21	t音の脱落② quiet	58
Unit 22	t音の脱落③ interesting	60
Unit 23	t音の脱落④ next bus	62
Unit 24	d音の脱落 kindness	64
Unit 25	h音の脱落 tell him	66
Unit 26	t音の変化① better	68
Unit 27	t音の変化② button	70
Unit 28	d音の変化 suddenly	72
Unit 29	l音の変化① help	74
Unit 30	l音の変化② table	76
Unit 31	tr音 tree	78
Unit 32	str音 street	80
Unit 33	dr音 drink	82
Unit 34	going to	84
Unit 35	want to	86
Unit 36	got to	88
Unit 37	of と and	90
Unit 38	短縮形① I'm	92
Unit 39	短縮形② I'll	94
Unit 40	短縮形③ because	96
Unit 41	肯定と否定① can / can't	98
Unit 42	肯定と否定② is / isn't	100
▶ column 1：子音が連なる英語を上手く聞き取ろう		102

第2章 | 弱点克服

Unit 43	母音① color / collar	104
Unit 44	母音② truck / track	106

CONTENTS

Unit 45	母音③ star / stir	108
Unit 46	母音④ low / law	110
Unit 47	母音⑤ sauce / source	112
Unit 48	子音① light / right	114
Unit 49	子音② she / see	116
Unit 50	子音③ sink / think	118
Unit 51	子音④ berry / very	120
Unit 52	外来語① chocolate	122
Unit 53	外来語② tip	124
Unit 54	外来語③ tour	126

▶ column 2：単語数が増えても、発音される長さは変わらない？ …… 128

第2部 実践編

第3章 ｜ 日常会話

Unit 55	出会いのあいさつ	130
Unit 56	別れのあいさつ	132
Unit 57	日常の一言①	134
Unit 58	日常の一言②	136
Unit 59	日常の一言③	138
Unit 60	天気	140
Unit 61	冠婚葬祭	142
Unit 62	年中行事	144
Unit 63	恋愛	146
Unit 64	インターネット	148
Unit 65	病院・薬局	150
Unit 66	趣味・余暇	152

▶ column 3：Costcoは「コストコ」とは言いません ┄┄┄┄┄ 154

第4章 ｜ ビジネス

| Unit 67 | 電話 ┄┄┄┄┄ 156
| Unit 68 | 同僚・上司と話す ┄┄┄┄┄ 158
| Unit 69 | 接客 ┄┄┄┄┄ 160
| Unit 70 | 商談 ┄┄┄┄┄ 162
| Unit 71 | プレゼンテーション ┄┄┄┄┄ 164
| Unit 72 | ディスカッション ┄┄┄┄┄ 166
| Unit 73 | お礼を言う ┄┄┄┄┄ 168
| Unit 74 | 謝る ┄┄┄┄┄ 170
| Unit 75 | 励ます ┄┄┄┄┄ 172
| Unit 76 | 付き合い・飲み会 ┄┄┄┄┄ 174
| Unit 77 | 就職・転職 ┄┄┄┄┄ 176

▶ column 4：韓国車Hyundai（ヒュンダイ）、英語では？ ┄┄┄┄┄ 178

第5章 ｜ 海外旅行

| Unit 78 | 飛行機内で ┄┄┄┄┄ 180
| Unit 79 | 空港で ┄┄┄┄┄ 182
| Unit 80 | ホテルで ┄┄┄┄┄ 184
| Unit 81 | レンタカー・ドライブ ┄┄┄┄┄ 186
| Unit 82 | 観光 ┄┄┄┄┄ 188
| Unit 83 | 道を尋ねる・教える ┄┄┄┄┄ 190
| Unit 84 | 買い物（ファッション） ┄┄┄┄┄ 192
| Unit 85 | 買い物（コンビニ） ┄┄┄┄┄ 194
| Unit 86 | レストラン ┄┄┄┄┄ 196
| Unit 87 | カフェ ┄┄┄┄┄ 198
| Unit 88 | トラブル ┄┄┄┄┄ 200

> リスニングは難しくない!

聞き取りのコツと心得

リスニングが難しく感じられる理由

　皆さんはニュースの英語が速いと感じますか？　実は決して速くはないのです。ニュースではたくさんの情報を流さなければいけませんので、確かにゆっくりした英語とはいえませんが、ニュースは老若男女いろんな人たちが聞くのですから、そんなに早口で言うわけにもいきません。日本語を学ぶ留学生たちは、日本語のニュースは速いと言います。しかし、日本語のニュースを聞いてみても、日本人には決して速いとはいえません。むしろ普通の速さというべきでしょう。

　では、私たちが英語を聞いていて「速い」と感じてしまう理由はいったい何なのでしょうか。ひとつは、英語を聞きながら日本語に訳してしまうからです。訳している間に次の英文が読まれてしまいますので、速度についていけなくなります。そして、もうひとつの理由は音の変化やつながりです。これに慣れて「聞き取りのコツ」をつかめば、リスニングは本当に楽しくなります。「速いから聞き取れない」といってがっかりする必要はありません。本当はそんなに速くないのに「速い」という幻想に陥っていることが多いからです。

 ## 聞き取りにくいのは「音のつながり」のせいかも…

英語を聞いているときに、話すスピードがとても速く聞こえることがあるとするならば、それは必ずしもスピードが速い訳ではなく、音のつながりが原因であることが多いのです。時には、どこに切れ目があるのかわからないくらい音がつながって聞こえることがありますね。でも、そのつながりのメカニズムを理解し、さらに自分でそのつながりを上手く発音できるようになれば、聞き取りも自然とついていけるようになります。

例えば、「ありがとう。」の意味で"Thank you."や"I appreciate it."がありますが、Thank you. を［サンク ユー］と発音せず、［サンキュー］と発音するように、appreciate itも、［アプリーシエイト イット］ではなく、［アプリーシエイリッ］、または［アプリーシエイディッ］という具合に、２語が切れ目なく発音されます。

音のつながりのルールを知れば、リスニングは決して難しくないということが実感できるはずです。

 ## 音声変化の簡単メカニズム

　例えば、漢字で「学」の読み方は〔がく〕、「校」の読み方は〔こう〕です。しかし、これらの２つの漢字が連なり「学校」となると、私たちは〔がくこう〕ではなく〔がっこう〕と発音します。gaku（学）のkuとkoo（校）のkoが、いずれもk音なので、gakuのk音がkooのk音にくっついて、小さな「っ」になっているのです。

　英語もこれと同じです。例えば、black cat（黒猫）のblackはk音で終わり、catはk音で始まります。ですから、〔ブラックキャット〕ではなく、〔ブラッキャッ(トゥ)〕のように聞こえるのです。同様に、what time（何時）もt音が連なり、〔ホワットタイム〕というよりはwhatのt音が小さな「っ」のようになり〔ホワッタイム〕と発音されるわけです。

学(がく) + 校(こう) → 学校(がっこう)　ga<u>k</u>u koo

black [ブラック] + cat [キャッ(トゥ)]
↓
black cat [ブラッキャッ(トゥ)]

英語をシャワーのように浴びて「音のレパートリー」を増やす

「わからない英文を何百回、何千回聞いても、意味がわからないからムダだ」という意見がありますが、本当にそれはムダなのでしょうか？ 本当に英語が話せる人には、その答えがわかるでしょう。答えは、決してムダではありません！ ムダだと言う人は、おそらく英語をシャワーのように浴びる努力をしたことがない人でしょう。わからなくても、何度も聞くリスニングに対する真剣な態度こそがコミュニケーションには大切です！ 相手の言っていることがわからないからといって、すぐに聞くことをあきらめたり、その場のコミュニケーションから逃げたりしていては、ことばの学習や習得は始まりません。赤ちゃんは、意味が全くわからなくても、大人の言うことを一生懸命に聞いています。

そもそも、言語習得は意味を理解することだけではありません。わからなくても何度も聞けば、異質な音に寛容になります。異質な音を「人のことばの音」として、自分の「音のレパートリー」に入れていくようになります。イントネーションも聞き慣れ、その音の感覚をもとにスピーキングも上達します。意味がわからなくても、例えば、韓国語と中国語を注意深く聞き続ければ、この2つの言語を聞きわけることができるようになります。韓国語や中国語を学ぶときに、それらのイントネーションやリズムなど、発音の特徴を知っていることは非常に大きな手助けになります。

しかも、英語は他の言語と違い、子どもだって何かしらの単語をどこかで聞いていて知っています。それだけ、英語は国際語として生活のいろんな分野で使われている特別な言語なのです。「チョコレート」や「エスカレータ」など、実際の英語の発音とは多少異なる単語もあるかもしれませんが、すでに耳にしたことがあるカタカナ英語も日本語にはたくさんあります。何度も聞くことは、それらの単語を手がかりに、意味を推測しようとする姿勢にも結びつきます。最初から、わからないから聞いてもムダという気持ちではよくありません。英語に限らず、その人の気持ちをわかろうと一生懸命に耳を傾ける「こころ」が、リスニングには必要なのです。

英語リスニング大特訓 練習法

基礎編

STEP 1
ユニットごとに、何も見ずにCDを聞いてみましょう。

STEP 2
英語を見ながらCDを聞いてみましょう。つながる音、消える音、変化する音などを目で見て確認していきましょう。数回聞いた後、カタカナを参考に実際に発音してみましょう。

STEP 3
例文を赤シートで隠し、隠れている部分が聞き取れるかどうか確認しましょう。ここでも発音練習をしましょう。

STEP 4
何も見ずにCDを聞いてみましょう。上手く聞き取れなければ、何度も聞いてみましょう。自分のペースで無理なく少しずつ練習してください。

実践編

STEP 1
ユニットごとに、何も見ずにCDを聞いてみましょう。

STEP 2
英語を見ながらCDを聞きましょう。日本語訳や「こう聞こえる！」を参考にして、自分でも実際に声に出して言ってみましょう。

STEP 3
例文を赤シートで隠しCDを聞いてみましょう。日本語訳も参考にしながら、隠れている部分を聞き取ってみましょう。わからないときには決して無理をせず見て確認しましょう。

STEP 4
何も見ずにCDを聞いてみましょう。英語を聞いた後、すぐに聞き取れるかどうかを確認します。余裕があれば、CDの日本語訳を聞いた後、英語がすぐに出てくるように練習してみましょう。

＊CDを繰り返し聞き音読することが大切です。ローマ字やカタカナ表記はあくまでも参考にしてください。

本書の利用法

本書は「基礎編」と「実践編」の２部構成になっています。「基礎編」では、リスニングのルールや日本人が苦手な音の聞きとりの練習をし、「実践編」では、場面別によく使うフレーズを聞き取る練習をします。赤シートを活用して、自然なスピードの英語に耳を慣らしていきましょう。

基礎編

そのユニットで注意する音の変化や聞き取りのコツについて解説しています。

CDのディスク番号とトラック番号を示しています。
CD1 2 の場合はディスク１のトラック２という意味です。

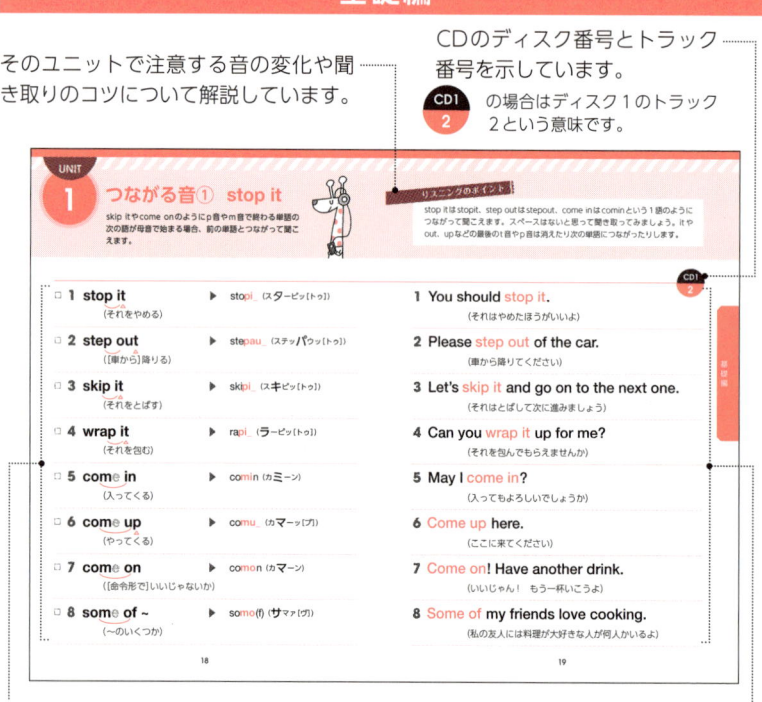

聞き取りのポイントになる語の聞こえ方を図解します。

左ページで取り上げた語（句）を使った例文を紹介しています。赤シートを使いCDを聞いてみましょう。赤シートで消えたポイントとなる語（句）が聞き取れるよう繰り返し練習しましょう。

CDについて

第1章-第2章　聞き取りのポイント（音の変化）▶▶ 例文（英語のみ）
　　　　　　▶▶ リピートポーズ
第3章-第5章　英語 ▶▶ 日本語訳 ▶▶ 英語 ▶▶ リピートポーズ
※ 各章扉にもCDの内容が表記されています。

実践編

CDのディスク番号とトラック番号を示しています。

CDを聞くときは、赤シートで英文を隠しましょう。赤シートで隠れた部分がきちんと聞き取れれば、基礎編で学んだことがしっかり定着している証拠です。

日本語訳と聞き取りのコツを紹介しています。この聞き取りのコツを確認して、もう一度英文を聞くと早くリスニング力がアップします。

本書の利用法

リスニング大特訓
知っ得！納得！1〜4

コラムでは、英語がより聞き取れるようになる情報を紹介します。なぜ日本人が英語の聞き取りが苦手と思ってしまうのかや商品名やブランド名をそのまま発音しても通じない訳など徹底解明します。

本書で使われる記号について

本書はリスニング力をアップさせるための教材です。なるべくシンプルにリスニングのコツがわかるように記号や色を使って音の変化を示しています。

1. つながる音　**Could you ~ ?**
2. ほとんど発音されない音／消える音　**next bus / kindness**
3. 小さな「ッ」のような音　**sharp pain**
4. 詰まったような音　**button**
5. d音または日本語のラ行の音　**better**
6. oのように聞こえるl音　**table**
7. 子音が連なりすばやく発音される音　**street**

第1章

これだけは
絶対マスターしたい音
42

まずは英語の音の変化に慣れましょう。
コツをつかめば、驚くほど聞き取りができるようになります。
苦手なのではなく知らなかっただけです！

音の変化（左ページ）▶▶ 例文／英語のみ（右ページ）▶▶ リピートポーズ

UNIT 1

つながる音① stop it

skip itやcome onのようにp音やm音で終わる単語の次の語が母音で始まる場合、前の単語とつながって聞こえます。

- ☐ **1 stop it**
  (それをやめる)
  ▶ sto**pi**_ (スタ**ピ**ッ[トゥ])

- ☐ **2 step out**
  ([車から]降りる)
  ▶ ste**pau**_ (ステッ**パ**ウッ[トゥ])

- ☐ **3 skip it**
  (それをとばす)
  ▶ ski**pi**_ (ス**キ**ピッ[トゥ])

- ☐ **4 wrap it**
  (それを包む)
  ▶ wra**pi**_ (ラー**ピ**ッ[トゥ])

- ☐ **5 come in**
  (入ってくる)
  ▶ co**min** (カ**ミ**ーン)

- ☐ **6 come up**
  (やってくる)
  ▶ co**mu**_ (カ**マ**ッ[プ])

- ☐ **7 come on**
  ([命令形で]いいじゃないか)
  ▶ co**mon** (カ**マ**ーン)

- ☐ **8 some of ~**
  (~のいくつか)
  ▶ so**mo**(f) (**サ**マァ[ヴ])

リスニングのポイント

stop itはstopit、step outはstepout、come inはcominという1語のようにつながって聞こえます。スペースはないと思って聞き取ってみましょう。itやout、upなどの最後のt音やp音は消えたり次の単語につながったりします。

1 You should stop it.
　　（それはやめたほうがいいよ）

2 Please step out of the car.
　　（車から降りてください）

3 Let's skip it and go on to the next one.
　　（それはとばして次に進みましょう）

4 Can you wrap it up for me?
　　（それを包んでもらえませんか）

5 May I come in?
　　（入ってもよろしいでしょうか）

6 Come up here.
　　（ここに来てください）

7 Come on! Have another drink.
　　（いいじゃん！　もう一杯いこうよ）

8 Some of my friends love cooking.
　　（私の友人には料理が大好きな人が何人かいるよ）

UNIT 2 つながる音② taste it

t音、d音、l音、n音で終わる単語の次の語が母音で始まる場合、前の音とつながって聞こえます。

- □ **1 taste it** ▶ tas**ti**_ (テイス**ティ**ッ[トゥ])
  (それを味見する)

- □ **2 write it** ▶ wri**ti**_ (ライ**リ**ッ[トゥ])
  (それを書く)

- □ **3 read it** ▶ rea**di**_ (リー**ディ**ッ[トゥ])
  (それを読む)

- □ **4 find out** ▶ fin**dau**_ (ファイン**ダ**ウッ[トゥ])
  (見つけ出す)

- □ **5 pull out** ▶ pu**lau**_ (プ**ラ**ウ[トゥ])
  (引き抜く)

- □ **6 sell it** ▶ se**li**_ (セ**リ**ッ[トゥ])
  (それを売る)

- □ **7 join us** ▶ joi**nu**s (ジョイ**ナ**ス)
  (私たちに加わる)

- □ **8 spin it** ▶ spi**ni**_ (スピ**ニ**ッ[トゥ])
  (それを回す)

リスニングのポイント

taste it は tastit、read it は readit、pull it は pullit、join us は joinus という1語のようにつながって聞こえます。スペースはないと思って聞き取り、自分でも発音してみましょう。

CD1
3

1 Let me taste it.
　　（一口食べさせて）

2 Could you write it on the board?
　　（黒板に書いてもらえませんか）

3 Read it before you begin.
　　（始める前に読みなさい）

4 I'll find out about it.
　　（それについて調べておきます）

5 Can you pull out the plug?
　　（プラグを引き抜いてもらえませんか）

6 You should sell it.
　　（売ったほうがいいですよ）

7 Why don't you join us?
　　（ご一緒にいかがですか）

8 Show me how to spin it.
　　（それをどうやって回すのか見せてください）

基礎編

UNIT 3

つながる音③ pass out

miss it や close it のように s 音や z 音で終わる単語の次の語が母音で始まる場合、前の単語とつながって聞こえます。

- [ ] **1 pass out**
  (配る)
  ▶ pasau_ (パサウッ[トゥ])

- [ ] **2 fix it**
  (それを修理する)
  ▶ fiksi_ (フィクスィッ[トゥ])

- [ ] **3 this apple**
  (このリンゴ)
  ▶ thisapple (ディサポォ)

- [ ] **4 miss it**
  (それを見落とす)
  ▶ misi_ (ミスィッ[トゥ])

- [ ] **5 close it**
  (それを閉める)
  ▶ clozi_ (クロウズィッ[トゥ])

- [ ] **6 lose it**
  (それをなくす)
  ▶ lozi_ (ルーズィッ[トゥ])

- [ ] **7 use it**
  (それを使う)
  ▶ uzi_ (ユーズィッ[トゥ])

- [ ] **8 doze off**
  (居眠りする)
  ▶ dozoff (ドゥゾーフ)

リスニングのポイント

pass outはpassout、close itはclositという1語のようにつながって聞こえます。スペースはないと思って聞いてみましょう。発音練習もリスニングの役に立ちます。itやoutなどの最後のt音も消えがちです。

1 Please pass out these books.
(これらの本を配ってください)

2 Would you fix it right away?
(それをすぐに修理してもらえませんか)

3 This apple tastes really good.
(このリンゴは本当に美味しいですね)

4 Don't miss it.
(見逃さないでね)

5 Close it when you leave the room.
(部屋を出るときに閉めなさい)

6 Be sure not to lose it.
(絶対なくさないようにね)

7 May I use it?
(それ使ってもいいですか)

8 I sometimes doze off while watching TV.
(テレビを見ながら時々居眠りしてしまいます)

UNIT 4 つながる音④ cheer up

after all や hear it のように r 音で終わる単語の次の語が母音で始まる場合、前の単語とつながって聞こえます。

- ☐ **1 cheer up** ▶ cheera_ (チアラッ[プ])
  (元気を出す)

- ☐ **2 remember it** ▶ rememberi_ (リ**メ**ンバーリッ[トゥ])
  (それを覚えている)

- ☐ **3 after all** ▶ afterol (**ア**フタロ—ォ)
  (結局)

- ☐ **4 ignore it** ▶ ignori_ (イグ**ノ**ーリッ[トゥ])
  (それを無視する)

- ☐ **5 hear it** ▶ heari_ (**ヒ**アリッ[トゥ])
  (それを聞く)

- ☐ **6 sure of ~** ▶ suro(f) (**ショ**ロ—[ヴ])
  (~を確信している)

- ☐ **7 bear it** ▶ beari_ (**ベ**アリッ[トゥ])
  (我慢する)

- ☐ **8 your eyes** ▶ yourais (ヨー**ラ**ーイズ)
  (あなたの目)

リスニングのポイント

cheer upはcheerup、remember itはrememberitのように、最後のrが次の単語の最初の母音につながって聞こえます。やはり単語と単語の間のスペースはないように発音されます。itのt音やupのp音は消えがちです。

1 Cheer up! Things will get better.
（元気出して！ 状況はよくなるよ）

2 Yes, I remember it.
（はい、覚えています）

3 I couldn't see her after all.
（結局彼女には会えませんでした）

4 You should ignore it.
（無視したほうがいいよ）

5 I'm glad to hear it.
（それを聞いてうれしいです）

6 I'm sure of it.
（間違いありません）

7 Just grin and bear it.
（[不愉快なことでも]笑って我慢しなさい）

8 Open your eyes.
（目を開けて）

UNIT 5

つながる音⑤ wash it

push itやmatch upのようにsh音やch音で終わる単語の次の語が母音で始まる場合、前の単語とつながって聞こえます。

- □ **1 wash it**
  (それを洗う)
  ▶ washi_ (ワシッ[トゥ])

- □ **2 push it**
  (それを押す)
  ▶ pushi_ (プシッ[トゥ])

- □ **3 push-up**
  (腕立て伏せ)
  ▶ pusha_ (プシャッ[プ])

- □ **4 finish it**
  (それを終わらせる)
  ▶ finishi_ (フィニシッ[トゥ])

- □ **5 watch it**
  (それを見る)
  ▶ watchi_ (ワッチッ[トゥ])

- □ **6 catch it**
  (それを捕まえる)
  ▶ catchi_ (キャッチッ[トゥ])

- □ **7 switch off**
  (スイッチを切る)
  ▶ switchoff (スウィッチョーフ)

- □ **8 touch it**
  (それに触る)
  ▶ touchi_ (タッチッ[トゥ])

リスニングのポイント

wash itはwashit、switch offはswitchoffのように1語に聞こえます。また、itやupなどのt音やp音は消えたり次の単語につながったりします。

1 Wash it before you eat it.
(それを食べる前に洗いなさい)

2 You need to push it open.
(押して開けてください)

3 He does push-ups every day.
(彼は毎日腕立て伏せをしています)

4 Finish it before two o'clock.
(2時までに終わらせなさい)

5 I want to watch it again.
(もう1回見たいです)

6 Catch it in a net.
(網で捕まえなさい)

7 Can you switch off the light?
(電気を消してくれない?)

8 Don't touch it.
(それに手を触れないでください)

つながる音⑥ check in

take it や hang out のように、k音やg音で終わる単語の次の語が母音で始まる場合、前の単語とつながって聞こえます。

- □ **1 check in** ▶ chekin (チェッキーン)
  (チェックインする)

- □ **2 back up** ▶ baka_ (バッカッ[プ])
  (後退する)

- □ **3 take it** ▶ taki_ (テイキッ[トゥ])
  (それを持っていく、買う)

- □ **4 speak up** ▶ speaka_ (スピーカッ[プ])
  (はっきり言う)

- □ **5 drag it** ▶ dragi_ (ドゥラギッ[トゥ])
  (それを引きずる)

- □ **6 the Big Apple** ▶ the bigapple (ダビーガーポォ)
  (ニューヨーク)

- □ **7 hang out** ▶ hangau_ (ハンガウッ[トゥ])
  (ぶらぶらして時を過ごす)

- □ **8 sing a song** ▶ singason_ (スィンガソーン)
  (歌を歌う)

リスニングのポイント

check in は checkin、take it は takit のようにつないで発音されますので、[チェッキーン]、[テイキッ]のように聞こえます。カタカナ表記を参考に、発音の強弱にも注意を払うと聞きやすくなります。

CD1 7

1 Can I check in now?
（今チェックインできますか）

2 Can you back up a little?
（[車など]少し後ろにさがってもらえませんか）

3 I'll take it.
（それを買います）

4 Can you speak up?
（大きい声ではっきりと話してもらえませんか）

5 Don't drag it on the floor.
（それを床の上で引きずらないで）

6 New York is sometimes called the Big Apple. （ニューヨークは時々ビッグアップルと呼ばれます）

7 They always hang out in a bar.
（彼らはいつもバーに出入りしている）

8 Let's sing a song.
（歌を歌いましょう）

基礎編

UNIT 7 消える音① sharp pain

top priorityやhot teaのようにp音やt音で終わる単語の次の語がまた同じ音で始まっている場合、前の単語のp音やt音は発音しません。その方が言いやすいですね。

- □ **1 sharp pain** ▶ shar_pain （シャーッペイン）
  (鋭い痛み)

- □ **2 deep pool** ▶ dee_pool （ディーップーォ）
  (深いプール)

- □ **3 keep pulling** ▶ kee_pullin_ （キーップリン）
  (引き続ける)

- □ **4 top priority** ▶ to_priority （タップライオリティー）
  (最優先事項)

- □ **5 what time** ▶ wha_time （ワッタイム）
  (何時)

- □ **6 part-time** ▶ par_time （パーッタイム）
  (非常勤で)

- □ **7 hot tea** ▶ ho_tea （ハッティー）
  (熱いお茶)

- □ **8 sweet tooth** ▶ swee_tooth （スウィーットゥース）
  (甘党)

リスニングのポイント

p音同士、t音同士がつながる場合は、単語の間に小さな「ッ」のようなつまった音があるように聞こえます。例えば、sharp pain、hot teaを発音する場合は、それぞれ[シャーッペイン]、[ハッティー]のように聞こえます。

CD1 8

1 I feel a sharp pain in my knee.
　　（ひざに激しい痛みを感じます）

2 The deep pool is dangerous for the kids.
　　（深いプールは子どもたちには危険ですよ）

3 Keep pulling it.
　　（それを引っ張り続けてください）

4 This is a top priority.
　　（これは最優先事項です）

5 What time do you usually go to bed?
　　（あなたはたいてい何時に寝ますか）

6 She has a part-time job.
　　（彼女はパートで働いています）

7 Can I get a hot tea, please?
　　（熱い紅茶をお願いします）

8 I have a sweet tooth.
　　（私は甘党です）

基礎編

UNIT 8 消える音② cold drinks

good dogやblack catのように、d音やk音で終わる単語の次の語が同じ音で始まっている場合、前の語のd音やk音は発音しません。

- □ **1 cold drinks**
  (冷たい飲み物)
  ▶ col_drinks (コウッドゥリンクス)

- □ **2 good dog**
  (いい犬)
  ▶ goo_dog (グッドーグ)

- □ **3 bad dream**
  (悪い夢)
  ▶ ba_dream (バッドゥリーム)

- □ **4 red dress**
  (赤い服)
  ▶ re_dress (レッドゥレス)

- □ **5 black cat**
  (黒いネコ)
  ▶ bla_ca_ (ブラッキャッ[トゥ])

- □ **6 bank clerk**
  (銀行員)
  ▶ ban_clerk (バンクラーク)

- □ **7 pink coat**
  (ピンクのコート)
  ▶ pin_coa_ (ピンコウッ[トゥ])

- □ **8 back cover**
  (裏表紙)
  ▶ ba_cover (バッカヴァー)

リスニングのポイント

UNIT 7と同じように、単語の間に小さな「ッ」のようなつまった音があるように聞こえます。例えば、red dressは[レッドレス]、black catは[ブラッキャッ]のように発音されます。

---

1 We want some cold drinks.
   (私たちは冷たい飲み物が欲しいです)

2 Such a good dog!
   (いい犬だね！)

3 I had a bad dream last night.
   (昨夜は悪い夢を見た)

4 This red dress is so nice.
   (この赤い服は本当に素敵ね)

5 I used to have a black cat.
   (昔、黒猫を飼っていました)

6 Jim wants to be a bank clerk.
   (ジムは銀行員になりたいと思っています)

7 Whose is this pink coat?
   (このピンクのコートは誰のですか)

8 Write your name on the back cover.
   (裏表紙に名前を書きなさい)

UNIT 9

消える音③ big game

big girl、bus stop、feel likeのようにg音、s音、l音で終わる単語の次の語が同じ音で始まる場合、前の語のg音、s音、l音は発音しません。

- □ **1 big game** ▶ bi_game (ビッゲイム)
  (大事な試合)

- □ **2 big girl** ▶ bi_girl (ビッガーォ)
  (成長した女の子)

- □ **3 gas station** ▶ gastation (ギャステイシュン)
  (ガソリンスタンド)

- □ **4 convenience store** ▶ convenienstore (クンヴィーニエンストアー)
  (コンビニ)

- □ **5 bus stop** ▶ busto_ (バスターッ[プ])
  (バス停)

- □ **6 ice skating** ▶ iskatin_ (アイスケイティン)
  (アイススケート)

- □ **7 feel like** ▶ feelike (フィーォライク)
  (〜したい気分だ)

- □ **8 beautiful landscape** ▶ beautifulandsca_ (ビューリフォランス[ドゥ]スケイ[プ])
  (美しい景色)

リスニングのポイント

g音がつながる場合は、単語の間が日本語の小さな「ッ」のようなつまった音のようになります。s音がつながる場合はs音が少し長く聞こえます。l音がつながる場合は、最初の単語の後ろのl音が消えて聞こえがちです。

1 The big game will start soon.
（大事な試合がもうすぐ始まるよ）

2 She is a big girl now.
（彼女はもう成長した）

3 You will see a gas station on your left.
（左側にガソリンスタンドがありますよ）

4 I bought it at a convenience store.
（コンビニで買いました）

5 There is a bus stop near my house.
（うちの近くにバス停があります）

6 Do you like ice skating?
（アイススケートは好きですか）

7 I don't feel like it.
（そんな気分ではないです）

8 What a beautiful landscape!
（何と美しい景色なんだ！）

UNIT 10 消える音④ stop talking

hip-hopのように、前の語がp音で終わり、次の語が子音で始まっている場合、そのp音はほとんど発音されません。

- □ **1 stop talking**
  (おしゃべりをやめる)
  ▶ sto_talkin_
  (ス**ター**ッ[プ]**トー**キン)

- □ **2 keep trying**
  (努力し続ける)
  ▶ kee_tryin_
  (**キー**ッ[プ]トゥ**ライ**ン)

- □ **3 deep bow**
  (深いお辞儀)
  ▶ dee_bow
  (**ディー**ッ[プ]**バ**ゥ)

- □ **4 backup data**
  (バックアップデータ)
  ▶ backu_data
  (**バー**ッカッ[プ]**ディ**ラ)

- □ **5 hip-hop**
  (ヒップホップ)
  ▶ hi_ho_ (**ヒ**ッ[プ]**ハ**ッ[プ])

- □ **6 top floor**
  (最上階)
  ▶ to_floor (**タ**ッ[プ]フ**ロー**ァ)

- □ **7 help me**
  (手伝う)
  ▶ hel_me (**ヘ**ォッ[プ]**ミー**)

- □ **8 drop me off**
  (私を車から降ろす)
  ▶ dro_meoff
  (ドゥ**ラ**ッ[プ]**ミー**オーフ)

リスニングのポイント

同じ子音同士でなくても、単語と単語の間につまった音があるように聞こえる場合があります。例えば、stop talkingはstopのpははっきり発音されず、次のtalkingが発音される前に、ほんの少しだけ音の空白があるように聞こえます。

1 Will you stop talking?
（おしゃべりをやめてもらえませんか）

2 You should keep trying.
（挑戦し続けるべきです）

3 He gave a deep bow.
（彼は深々とお辞儀をしました）

4 Keep the backup data.
（バックアップデータを保存しておいてください）

5 Do you like hip-hop?
（ヒップホップ好きですか）

6 His room is on the top floor.
（彼の部屋は最上階です）

7 Could you help me?
（手伝ってもらえませんか）

8 Drop me off at the train station.
（駅で降ろして）

UNIT 11 消える音⑤ need to

had toなどのように、d音で終わる次の語が子音で始まっている場合、そのd音はほとんど発音されません。

- □ **1 need to** ▶ nee_to (ニーットゥ)
  (〜する必要がある)

- □ **2 had to** ▶ ha_to (ハットゥ)
  (〜しなければならなかった)

- □ **3 could be** ▶ coul_be (クッビ)
  (多分〜だ)

- □ **4 should be** ▶ shoul_be (シュッビ)
  (〜のはずだ)

- □ **5 bad joke** ▶ ba_joke (バッジョウク)
  (悪い冗談)

- □ **6 good job** ▶ goo_job (グッジャーブ)
  (いい仕事)

- □ **7 road map** ▶ roa_ma_ (ロウッマッ[プ])
  (道路地図)

- □ **8 red socks** ▶ re_socks (レッサックス)
  (赤い靴下)

リスニングのポイント

d音の場合も同様に、後ろの単語に移る前に空白があるように感じられます。例えばneed toは[ニーットゥ]、could beは[クッビ]のように発音されます。d音が全く消えてなくなり[ニートゥ]、[クビ]になる訳ではありません。

CD1 12

1 I need to buy some bread.
(パンを買わなければなりません)

2 I had to see my boss.
(上司に会わないといけませんでした)

3 It could be true.
(それは本当かもしれないよ)

4 It should be starting soon.
(それはもうすぐ始まるはずです)

5 That's a bad joke.
(それは悪い冗談ですね)

6 You did a good job.
(よくできました)

7 Let me see the road map.
(道路地図を見せて)

8 Those red socks look nice.
(その赤い靴下素敵ですね)

基礎編

UNIT 12

消える音⑥ pet shop

credit cardのように前の語がt音で終わり次の語が子音で始まる場合、そのt音はほとんど発音しません。

- □ **1 pet shop** ▶ pe_sho_ (**ペ**ッシャッ[プ])
  (ペットショップ)

- □ **2 credit card** ▶ credi_card (ク**レ**リッカードゥ)
  (クレジットカード)

- □ **3 sit down** ▶ si_down (ス**ィッダ**ウン)
  (座る)

- □ **4 pot luck** ▶ po_luck (パ**ラ**ック)
  (持ち寄りパーティー)

- □ **5 repeat that** ▶ repea_tha_ (リ**ピ**ーダッ[トゥ])
  (それを繰り返す)

- □ **6 Wet Paint** ▶ we_pain_ (**ウェッペ**インッ[トゥ])
  (ペンキ塗りたて)

- □ **7 right place** ▶ righ_place (ライップ**レ**イス)
  (ぴったりの場所)

- □ **8 right now** ▶ righ_now (ラ**ィッナ**ウ)
  (ちょうど今)

リスニングのポイント

tの音を発音しようとして、そのまま次の子音を発音します。ですからtを「トゥ」とはっきりとは発音しません。tの音はほとんど聞こえず、日本語の小さな「ッ」のように、つまった発音になり若干の音の空白ができます。

1 Frank owns a pet shop.

（フランクはペットショップを所有しています）

2 Do you have a credit card?

（クレジットカードを持っていますか）

3 Please sit down.

（どうぞお座りください）

4 We are having a pot luck party next Sunday. （来週の日曜日に持ち寄りパーティーをしますよ）

5 Could you repeat that?

（もう一度言ってもらえませんか）

6 The sign says "Wet Paint."

（看板に「ペンキ塗り立て」って書いてあるよ）

7 I hope this is the right place.

（この場所であってるといいんだけど）

8 You have to do it right now.

（今すぐしなければいけませんよ）

基礎編

UNIT 13

消える音⑦ traffic jam

look goodのように前の語がk音で終わり次の語が子音で始まる場合、そのk音はほとんど発音しません。

□ **1 traffic jam** ▶ traffi_jam
（交通渋滞） （トゥ**ラ**フィッジャム）

□ **2 look good** ▶ loo_good (**ル**ッグッ[ドゥ])
（よさそうに見える）

□ **3 sick people** ▶ si_people (ス**ィ**ッ**ピ**ーポォ)
（病人たち）

□ **4 back tooth** ▶ ba_tooth (バッ**ト**ゥース)
（奥歯）

□ **5 back page** ▶ ba_page (バッ**ペ**イジ)
（裏ページ）

□ **6 economic growth** ▶ economi_growth
（経済成長） (イカ**ノ**ーミッグ**ロ**ウス)

□ **7 rock music** ▶ ro_music (ラ**ミ**ューズィック)
（ロック音楽）

□ **8 black market** ▶ bla_market_
（闇市） (ブラッ**マ**ーケッ[トゥ])

リスニングのポイント

kの音を発音しようとして、そのまま次の子音を発音します。ですからkを「ク」とはっきりとは発音しません。kの音はほとんど聞こえず、日本語の小さな「ッ」のように、つまった発音になり若干の音の空白ができます。

1 I was caught in a traffic jam.
(交通渋滞にあってしまった)

2 You look good.
(お元気そうですね)

3 She is taking care of sick people.
(彼女は病人の世話をしています)

4 My back tooth hurts.
(奥歯が痛いです)

5 Please look at the back page.
(裏のページを見てください)

6 We need to promote economic growth.
(私たちは経済成長を促進しなければなりません)

7 I'm not familiar with rock music.
(ロック音楽についてはよく知りません)

8 They were selling it on the black market.
(闇市で売っていました)

UNIT 14 消える音⑧ big cat

big catのように前の語がg音で終わり次の語が子音で始まる場合、そのg音はほとんど発音しません。

- **1 big cat** (大きなネコ) ▶ bi_ca_ (ビッキャッ[トゥ])

- **2 big car** (大きな車) ▶ bi_car (ビッカー)

- **3 big name** (有名人) ▶ bi_name (ビッネィム)

- **4 big dream** (大きな夢) ▶ bi_dream (ビッドゥリーム)

- **5 hug me** (私をハグする) ▶ hu_me (ハッミー)

- **6 beg money** (お金をせびる) ▶ be_money (ベッマニー)

- **7 bug me** (私の邪魔をする) ▶ bu_me (バッミー)

- **8 dig potatoes** (イモを掘る) ▶ di_potatoes (ディッポテイトウズ)

リスニングのポイント

gの音を発音しようとして、そのまま次の子音を発音します。ですからgを「グ」とはっきりとは発音しません。gの音はほとんど聞こえず、日本語の小さな「ッ」のように、つまった発音になり若干の音の空白ができます。

1 Kathy has a big cat.
(キャシーは大きなネコを飼っています)

2 Tim has a big car.
(ティムは大きな車を持っています)

3 He is a big name.
(彼は有名人です)

4 I have a big dream.
(私は大きな夢を持っています)

5 Please hug me.
(ハグして)

6 They beg money from passers-by.
(彼らは通行人からお金をせびる)

7 Don't bug me.
(邪魔しないでくれ)

8 Children like to dig potatoes.
(子どもたちはイモ掘りが好きです)

基礎編

UNIT 15

消える音⑨ reading

Songやyoungのようにng音で終わる語は、最後のg音をほとんど発音しません。カタカナ英語の「ソング」や「ヤング」とは違い[グ]とは聞こえません。

- □ **1 reading** ▶ readin_ (リーディン)
  (読む)

- □ **2 morning** ▶ mornin_ (モーニン)
  (朝)

- □ **3 smoking** ▶ smokin_ (ス**モ**ウキン)
  (タバコを吸う)

- □ **4 doing** ▶ doin_ (**ドゥ**ーイン)
  (している)

- □ **5 song** ▶ son_ (**ソ**ーン)
  (歌)

- □ **6 young** ▶ youn_ (**ヤ**ン)
  (若い)

- □ **7 long** ▶ lon_ (**ロ**ーン)
  (長い)

- □ **8 something** ▶ somethin_ (**サ**ムティン)
  (何か)

リスニングのポイント

例えば、win(勝つ)とwing(翼)は発音が微妙に異なります。winのnは舌が上の歯茎に付きますが、wingのngは舌が上の歯茎には付かず「ン」が鼻から抜けます。Hong Kong(香港)の発音が[ホングコング]とならないのと同じです。

CD1 16

1 What are you reading?
　　(何を読んでいるのですか)

2 I'm usually busy in the morning.
　　(私は朝はたいてい忙しいです)

3 Steve stopped smoking.
　　(スティーブはたばこをやめました)

4 How are you doing?
　　(元気かい)

5 I really like this song.
　　(私はこの歌が本当に好きです)

6 You are still young.
　　(君はまだ若い)

7 How long does it take to get there?
　　(そこに行くにはどのくらい時間がかかりますか)

8 I want something to drink.
　　(何か飲み物がほしいです)

基礎編

UNIT 16 チャ行の音 meet you

about youのようにt音で終わる語の後にy音から始まる単語がくる場合、tとyがつながってチャ行の音に聞こえます。

- [ ] **1 meet you** ▶ meechu (ミーチュー)
  (あなたに会う)

- [ ] **2 want you to~** ▶ wanchuto (ウォンチュートゥ)
  (あなたに〜してほしい)

- [ ] **3 Don't you ~?** ▶ donchu (ドゥンチュー)
  (〜しないのですか?)

- [ ] **4 Can't you ~?** ▶ canchu (キャンチュー)
  (〜できませんか?)

- [ ] **5 about you** ▶ abouchu (アバウチュー)
  (あなたについて)

- [ ] **6 last year** ▶ laschir (ラスチーァ)
  (去年)

- [ ] **7 next year** ▶ nexchir (ネクスチーァ)
  (来年)

- [ ] **8 not yet** ▶ noche_ (ナッチェッ[トゥ])
  (まだ)

リスニングのポイント

tとyがつながり、cha・chi・chu・che・cho[チャ・チ・チュ・チェ・チョ]のように聞こえます。

---

1 I'll meet you at the café.
(カフェで会いましょう)

2 I want you to come with me.
(あなたに一緒に来てほしい)

3 Don't you like coffee?
(コーヒーはお嫌いですか)

4 Can't you eat any more?
(もう食べられませんか)

5 How about you?
(あなたはどうですか)

6 I went to Canada last year.
(去年カナダに行きました)

7 She will visit Japan next year.
(彼女は来年日本を訪問します)

8 "Are you finished?" "Not yet."
(「終わりましたか」「まだです」)

UNIT 17 シャ行の音 miss you

this yearのようにs音で終わる単語の後にy音から始まる単語がくる場合、sとyがつながってシャ行の音に聞こえます。

- □ **1 miss you** ▶ mi**shu**（ミシュー）
  (あなたがいなくて寂しい)

- □ **2 guess you ~** ▶ gue**shu**（ゲシュー）
  (あなたを～だと思う)

- □ **3 introduce you** ▶ introdu**shu** (イントロ**デュ**ーシュー)
  (あなたを紹介する)

- □ **4 this year** ▶ thi**shi**r（ディシァ）
  (今年)

- □ **5 the bus you take** ▶ the bu**shu** take (ダ**バ**シューテイク)
  (あなたが乗るバス)

- □ **6 six years** ▶ sik**shi**rs (ス**ィ**ック**シ**ァーズ)
  (6年)

- □ **7 kiss you** ▶ ki**shu**（**キ**シュー）
  (あなたにキスする)

- □ **8 Is this yours?** ▶ isthi**shu**rs (イズディ**シュ**ァズ)
  (これはあなたのですか。)

リスニングのポイント

sとyがつながり、sha・shi・shu・she・sho[シャ・シ・シュ・シェ・ショ]のように聞こえます。

CD1 18

1 We miss you.
(あなたがいなくて寂しく思います)

2 I guess you are right.
(多分あなたは正しいと思います)

3 Let me introduce you to her.
(君を彼女に紹介するよ)

4 I'm so busy this year.
(今年は本当に忙しいです)

5 That's the bus you take.
(あれがあなたが乗るバスです)

6 I have known Linda for six years.
(私はリンダさんとお会いして6年になります)

7 Let me kiss you.
(キスしてあげる)

8 "Is this yours?" "No, it's not mine."
(「これはあなたのですか」「いいえ、私のではありません」)

基礎編

UNIT 18 ジャ行の音① Could you~?

And you?のようにd音の後にy音から始まる単語が続く場合、dとyがつながってジャ行の音に聞こえます。

- □ **1 Could you ~?** ▶ coulju (クッジュー)
  (~してもらえませんか？)

- □ **2 Would you mind ~?** ▶ wouljumind (ウッジューマインドゥ)
  (~してくださいますか？)

- □ **3 And you?** ▶ anju (アンジュー)
  (あなたはいかがですか？)

- □ **4 Did you ~?** ▶ diju (ディッジュー)
  (~しましたか？)

- □ **5 told you** ▶ tolju (トゥジュー)
  (あなたに言った)

- □ **6 need you** ▶ neeju (ニージュー)
  (あなたが必要だ)

- □ **7 feed your ~** ▶ feejur (フィージョァ)
  (あなたの~に餌を与える)

- □ **8 send you** ▶ senju (センジュー)
  (あなたに送る)

リスニングのポイント

dとyがつながり、舌先が上の歯茎に一度触れ、ja・ji・ju・je・jo[ジャ・ジ・ジュ・ジェ・ジョ]のように聞こえます。

CD1 19

1 Could you open the door for me?
（ドアを開けてもらえませんか）

2 Would you mind moving down one seat?
（ひとつ座席を詰めていただけませんか）

3 "How are you?" "Fine, thank you. And you?" （「お元気ですか」「はい、あなたはどうですか」）

4 Did you see him today?
（今日彼に会いましたか）

5 See, I told you!
（ねえ、だから言ったでしょう！）

6 We need you.
（私たちはあなたが必要です）

7 Feed your dog every morning.
（毎朝犬にエサをやってね）

8 I'll send you the message tomorrow.
（明日メッセージを送ります）

UNIT 19 ジャ行の音② as you ~

as usualのようにz音で終わる単語の次にy音ではじまる単語が続く場合、zとy(u)がつながってジャ行の音に聞こえます。

- □ **1 as you ~** ▶ aju (アジュー)
  (あなたが~のように)

- □ **2 close your ~** ▶ clojur (クロウジュァ)
  (あなたの~を閉じる)

- □ **3 as usual** ▶ ajusual (アジュージュォ)
  (いつものように)

- □ **4 advise you** ▶ adviju (アドヴァイジュー)
  (あなたに忠告する)

- □ **5 ~ loves you** ▶ lovju (ラヴジュー)
  (~はあなたのことが好きだ)

- □ **6 use your ~** ▶ ujur (ユージュァ)
  (あなたの~を使う)

- □ **7 lose your ~** ▶ lojur (ルージュァ)
  (あなたの~をなくす)

- □ **8 Is your ~?** ▶ ijur (イジュァ)
  (あなたの~は…ですか)

リスニングのポイント

zとy(u)がつながり、ja・ji・ju・je・jo[ジャ・ジ・ジュ・ジェ・ジョ]のように聞こえます。UNIT 18のd音+y音と異なる点は、舌先が上の歯茎につかないというところです。

CD1 20

1 As you know, we are getting married next month. （ご存知の通り、私たちは来月結婚します）

2 Close your textbook.
（テキストを閉じてください）

3 He came late as usual.
（彼はいつものように遅れてやって来た）

4 I advise you not to drink too much.
（飲み過ぎないように）

5 He loves you so much.
（彼は君のことをとても愛してるよ）

6 May I use your pen?
（あなたのペンを使ってもいいですか）

7 Don't lose your money.
（お金をなくさないように）

8 Is your father home?
（お父様はご在宅ですか）

UNIT 20 t音の脱落① immediately

ここでは日常会話で役に立つ副詞を取り上げます。他にもmostlyなども、t音をほとんど発音せずに[mosly]と聞こえます。

- ☐ **1 immediately** ▶ immedia_ly
  (すぐに)　　　　　　　　　(イミーディアッリー)

- ☐ **2 unfortunately** ▶ unfortuna_ly
  (残念ながら)　　　　　　　(アン**フォー**チュニッリー)

- ☐ **3 approximately** ▶ approxima_ly
  (およそ)　　　　　　　　　(アプ**ラ**ックスィミッリー)

- ☐ **4 definitely** ▶ defini_ly (デ**フィ**ニッリー)
  (確かに)

- ☐ **5 absolutely** ▶ absolu_ly (アブソ**ルー**ッリー)
  (絶対に)

- ☐ **6 slightly** ▶ sligh_ly (ス**ラ**イッリー)
  (わずかに)

- ☐ **7 separately** ▶ separa_ly (**セ**パリッリー)
  (別々に)

- ☐ **8 partly** ▶ par_ly (**パー**ッリー)
  (部分的に)

リスニングのポイント

t音の後ろにl音が来る副詞の場合、t音が日本語の小さい「ッ」のようにつまった音に聞こえます。英会話では副詞はかなり頻繁に使用しますし、1語だけ単独で使うこともでき、正しく発音できたり聞き取れたりするととても便利です。

1 You have to go home immediately.
（すぐに帰宅しなさい）

2 Unfortunately I couldn't see him.
（あいにく彼には会えませんでした）

3 There were approximately 200 people in the hall. （会場には約200人の人がいました）

4 I will definitely come.
（必ず行きます）

5 You are absolutely right.
（あなたは絶対に正しいです）

6 That's slightly different.
（それは少し違います）

7 Let's pay separately.
（別々に支払いましょう）

8 It will be partly cloudy tomorrow.
（明日はところにより曇りです）

UNIT 21 t音の脱落② quiet

単語の最後にくるt音はほとんど発音されません。なんだか、怠慢なようですがそれでいいのです。

- □ **1 quiet** ▶ quie_ (ク**ワイエッ**[トゥ])
  (静かな)

- □ **2 seat** ▶ sea_ (**スィ**ーッ[トゥ])
  (座席)

- □ **3 hat** ▶ ha_ (**ハ**ッ[トゥ])
  (帽子)

- □ **4 concert** ▶ concer_ (コン**サ**ーッ[トゥ])
  (コンサート)

- □ **5 right** ▶ righ_ (**ラ**イッ[トゥ])
  (正しい)

- □ **6 shoot** ▶ shoo_ (**シュ**ーッ[トゥ])
  (シュート)

- □ **7 what** ▶ wha_ ([ホ]**ワ**ッ[トゥ])
  (何)

- □ **8 habit** ▶ habi_ (**ハ**ビッ[トゥ])
  (癖)

リスニングのポイント

t音が単語の最後にある場合は、ほとんど息が出ずに発音されます。小さな「ッ」のようなつまった音のようになり、時には消えてしまうこともあります。

CD1 22

1 Be quiet, please.
　　（静かにしてください）

2 Have a seat.
　　（座って）

3 That's a nice hat.
　　（素敵な帽子ですね）

4 It was a great concert.
　　（素晴らしいコンサートでした）

5 All right.
　　（承知しました）

6 Shoot! I missed the train.
　　（しまった！ 電車に乗り遅れてしまった）

7 What? I didn't understand.
　　（何だって？ わからなかった）

8 It's a bad habit.
　　（それは悪い癖だね）

基礎編

UNIT 22 t音の脱落③ interesting

nの後ろのtが発音されないことがあります。このタイプのtの脱落を知っていると英語のリスニング力がぐんとアップします。

- **1 interesting** （興味深い） ▶ inerestin_ (イナレスティン)

- **2 international** （国際的な） ▶ inernational (イナナショナォ)

- **3 Internet** （インターネット） ▶ Inerne_ (イナネッ[トゥ])

- **4 winter** （冬） ▶ winer (ウィナー)

- **5 center** （中心） ▶ cener (セナー)

- **6 counter** （カウンター） ▶ couner (カウナー)

- **7 rental** （レンタル） ▶ renal (レナォ)

- **8 entertainment** （エンターテイメント） ▶ enertainmen_ (エナテインメンッ[トゥ])

リスニングのポイント

t音の前にn音、後ろに母音がある場合は、そのt音が脱落することがあります。また、この脱落は単語だけでなく、I want a book.やThere wasn't a book.などwant aやwasn't aのように単語の組み合わせでも起こります。

1 That's an interesting book.
(それは面白い本です)

2 What do you think of international marriage? (国際結婚についてどう思いますか)

3 The Internet is very useful.
(インターネットはとても便利ですね)

4 They have a lot of snow in winter.
(そこでは冬は雪がたくさん降ります)

5 I went to the health center to get a flu shot.
(保健所に行ってインフルエンザの注射を打ってもらいました)

6 The brochures are available on that counter. (パンフレットはカウンターの上に置いてありますよ)

7 This is a rental car.
(これはレンタカーです)

8 There will be musical entertainment.
(音楽の催しがあります)

UNIT 23

t音の脱落④　next bus

t音は脱落することが多いことがわかってきましたね。このユニットでも例外なくほとんど発音されないt音を紹介します。

- □ **1 next bus**
  （次のバス）
  ▶ nex bus（ネクスバス）

- □ **2 just go**
  （ただ行く）
  ▶ jus go（ジャスゴウ）

- □ **3 just don't forget**
  （絶対忘れない）
  ▶ jus don forge_（ジャスドゥンフォゲッ[トゥ]）

- □ **4 last night**
  （昨夜）
  ▶ las nigh_（ラスナイッ[トゥ]）

- □ **5 next month**
  （来月）
  ▶ nex month（ネクスマンス）

- □ **6 left field**
  （[野球の外野の]レフト）
  ▶ lef field（レフィーォドゥ）

- □ **7 perfect place**
  （完璧な場所）
  ▶ perfec place（パーフェクプレイス）

- □ **8 past five years**
  （過去5年）
  ▶ pas five years（パスファイブイヤーズ）

リスニングのポイント

子音+t音で終わる語の後に子音で始まる語が続くと、そのt音は、ほとんど発音されません。消えて聞こえることさえあります。

1 The next bus will come in about ten minutes. （次のバスは約10分後に来ます）

2 Just go down the street.
（この道をただまっすぐ行ってください）

3 Just don't forget to do it.
（それをするのを絶対忘れないでくださいね）

4 We ate out last night.
（私たちは昨夜は外食しました）

5 I'll see you next month.
（来月会いましょう）

6 He is a left fielder.
（彼はレフトを守っている）

7 This is a perfect place to take pictures.
（ここは写真を撮るには最高の場所ですね）

8 I have been working here for the past five years. （ここで過去5年間働いています）

UNIT 24 d音の脱落　kindness

長い単語や長い文もメリハリをつけて話すのが英語です。
今度はd音の脱落について紹介します。

- **1　kindness**
  （親切）
  ▶ kinness（**カ**イン[ドゥ]ネス）

- **2　handbook**
  （ハンドブック）
  ▶ hanbook（**ハ**ン[ドゥ]ブック）

- **3　handball**
  （ハンドボール）
  ▶ hanball（**ハ**ン[ドゥ]ボーォ）

- **4　sandwich**
  （サンドイッチ）
  ▶ sanwich（**サ**ン[ドゥ]ウィッチ）

- **5　friendship**
  （友情）
  ▶ frienshi_（フ**レ**ン[ドゥ]シッ[プ]）

- **6　landlord**
  （家主）
  ▶ lanlord（**ラ**ン[ドゥ]ロードゥ）

- **7　bandmaster**
  （楽団の指揮者）
  ▶ banmaster（**バ**ン[ドゥ]マスター）

- **8　windmill**
  （風車）
  ▶ winmill（**ウィ**ン[ドゥ]ミォ）

リスニングのポイント

ひとつの単語の中のndの後に子音がある場合、そのd音はほとんど聞こえません。発音されないこともあります。

---

1 I'll never forget your kindness.
（ご親切は決して忘れません）

2 You should read this handbook.
（このハンドブックを読んだほうがいいですよ）

3 I have never played handball.
（ハンドボールはしたことがありません）

4 How about some sandwiches?
（サンドイッチはいかがですか）

5 I hope our friendship will last forever.
（私たちの友情が永遠に続くことを願っています）

6 I have to talk to the landlord about the rent.
（家主と家賃について話をしなければなりません）

7 That bandmaster is really famous.
（あの楽団の指揮者は本当に有名です）

8 There is an old windmill near the park.
（公園の近くに古い風車があります）

基礎編

UNIT 25　h音の脱落　tell him

アクション映画などでよく聞く「Get him!(あいつを捕まえろ!)」なんていうセリフでもh音の脱落が見られます。

- **1　tell him**　▶　telim (テリム)
  (彼に言う)

- **2　ask her**　▶　asker (アスカー)
  (彼女に尋ねる)

- **3　let him ~**　▶　ledim (レリム)
  (彼に~させてあげる)

- **4　meet her**　▶　meeder (ミーラー)
  (彼女に会う)

- **5　call him**　▶　calim (コーリム)
  (彼に電話する)

- **6　make her ~**　▶　maker (メイカー)
  (彼女を~にする)

- **7　pick him up**　▶　pikimu_ (ピッキマッ[プ])
  (彼を車で迎えに行く)

- **8　drop her off**　▶　droperoff
  (彼女を車から降ろす)　　(ドゥロッパーローフ)

リスニングのポイント

himとherが動詞の後ろに続く場合にh音が脱落します。例えば、tell himは[telim] [テリム]、ask herは[asker] [アスカー]のように聞こえます。

1 Tell him I'm waiting.
（私は待っていると彼に伝えてください）

2 Can you ask her to call me back?
（私に電話をかけなおしてと彼女に頼んでもらえませんか）

3 I let him use my PC.
（彼に私のパソコンを使わせてあげました）

4 We'll meet her tomorrow.
（私たちは明日彼女に会います）

5 I'll call him later.
（あとで彼に電話します）

6 I'll make her happy.
（彼女を幸せにします）

7 Can you pick him up on your way back?
（帰る途中で彼を車で拾ってくれない？）

8 I'll drop her off at the bus stop.
（彼女をバス停で降ろしてあげます）

UNIT 26 t音の変化① better

今度は、t音がd音またはラ行の音に変化します。こんな音、聞いたことがあるはずです。

- **1 better** (より良い) ▶ be**d**er (ベ**ラ**ー)

- **2 little** (少し) ▶ li**d**le (リロォ)

- **3 water** (水) ▶ wa**d**er (**ワ**ーラー)

- **4 spaghetti** (スパゲティー) ▶ spaghe**d**i (スパ**ゲ**ーリー)

- **5 party** (パーティー) ▶ par**d**y (パーァ**リ**ー)

- **6 appreciate it** (それに感謝する) ▶ apprecia**d**i_ (アプ**リ**ーシエイリッ[トゥ])

- **7 get it** (それを手に入れる、わかる) ▶ ge**d**i_ (**ゲ**リッ[トゥ])

- **8 put it on** (それを着る、かぶる、はく) ▶ pu**d**i**d**on (プリ**ロ**ーン)

リスニングのポイント

t音がd音や日本語のラ行の音に聞こえることがあります。この現象はt音にアクセントがない場合に起こります。t音とd音は発音時の口の中の舌の位置は同じです。日本語のラ行の音も、舌はt音、d音と非常に近い位置にあります。

1 She is getting better.
(彼女はよくなってきています)

2 Just a little bit.
(ほんのちょっとですね)

3 Can I have some water, please?
(お水をいただけませんか)

4 This spaghetti is so good.
(このスパゲティーはすごく美味しい)

5 Would you like to go to the party tonight?
(今夜パーティーに行きませんか)

6 I really appreciate it.
(本当にありがとうございます)

7 I didn't get it.
(分かりませんでした)

8 Go get your jacket and put it on.
(ジャケットを取ってきて着なさい)

UNIT 27 t音の変化② button

t音の変化はまだまだ続きます。今度は発音されないというよりも鼻から抜けるような音に変化します。

- [ ] **1 button** ▶ bu·n (バ[トゥ]ン)
    (ボタン)

- [ ] **2 curtain** ▶ cur·n (カー[トゥ]ン)
    (カーテン)

- [ ] **3 certain** ▶ cer·n (サー[トゥ]ン)
    (確かな)

- [ ] **4 mountain** ▶ moun·n (マウン[トゥ]ン)
    (山)

- [ ] **5 cotton** ▶ co·n (カ[トゥ]ン)
    (綿)

- [ ] **6 rotten** ▶ ro·n (ラ[トゥ]ン)
    (腐っている)

- [ ] **7 kitten** ▶ ki·n (キ[トゥ]ン)
    (子ネコ)

- [ ] **8 written** ▶ wri·n (リ[トゥ]ン)
    (書かれた)

リスニングのポイント

t音の後ろにn音があるときの発音はt音が[ン]のように鼻から抜けたような音に聞こえることがあります。発音するときは、舌を上の歯茎にあてた後離さずに、鼻から息を出します。

1 Just press this button.
（このボタンを押すだけでいいですよ）

2 Could you open the curtain for me?
（カーテンを開けてもらえませんか）

3 Certainly not.
（もちろん違います）

4 I went camping in the mountains last summer. （この前の夏、山にキャンプに行きました）

5 This shirt is made from 100% cotton.
（このシャツは綿100%でできています）

6 This meat is rotten.
（この肉は腐ってるよ）

7 Look at that kitten. Isn't it cute?
（あの子ネコを見て。可愛くない？）

8 Everything is written in English.
（全て英語で書かれています）

UNIT 28 d音の変化 suddenly

鼻から抜けるような音になるのはt音だけではなく、d音も同じように変化します。

- [ ] **1 suddenly** ▶ su‧nly (**サ**[ドゥ]ンリ)
    (突然)

- [ ] **2 didn't** ▶ di‧n(t) (**ディ**[ドゥ]ン[トゥ])
    (〜しなかった)

- [ ] **3 shouldn't** ▶ shoul‧n(t) (**シュ**[ドゥ]ン[トゥ])
    (〜するべきではない)

- [ ] **4 couldn't** ▶ coul‧n(t) (**ク**[ドゥ]ン[トゥ])
    (〜できなかった)

- [ ] **5 hadn't** ▶ ha‧n(t) (**ハ**[ドゥ]ン[トゥ])
    (〜していなかった)

- [ ] **6 hidden** ▶ hi‧n (**ヒ**[ドゥ]ン)
    (隠された)

- [ ] **7 garden** ▶ gar‧n (**ガー**[ドゥ]ン)
    (庭)

- [ ] **8 pardon** ▶ par‧n (**パー**[ドゥ]ン)
    (許す)

リスニングのポイント

d音もt音と同様、後ろにn音があるときに、d音が「ン」のように鼻にかかった音に聞こえることがあります。発音するときには、舌を上の歯茎に当てた後離さずに、鼻から息を出します。

1 I suddenly began to feel a pain.
（突然痛み出したんです）

2 I didn't know.
（知りませんでした）

3 You shouldn't be lazy.
（怠けてはいけませんよ）

4 I couldn't help it.
（どうしようもなかったんです）

5 I hadn't seen him for a long time.
（彼には長い間会っていませんでした）

6 There is a hidden meaning in this poem.
（この詩には隠された意味があります）

7 He is working in the garden.
（彼は庭で仕事をしていますよ）

8 Pardon me.
（すみません）

UNIT 29 l音の変化① help

日本語にはない音と言われるl音ですが、実はリスニングの際に気をつけるポイントがあります。

- ☐ **1 help** (助ける) ▶ heop (ヘォプ)
- ☐ **2 milk** (ミルク) ▶ miok (ミォク)
- ☐ **3 call** (電話) ▶ cao (コーォ)
- ☐ **4 sale** (セール) ▶ sao (セィォ)
- ☐ **5 hospital** (病院) ▶ hospitao (ハスペロォ)
- ☐ **6 local** (地方の) ▶ locao (ロウコォ)
- ☐ **7 casual** (カジュアルな) ▶ casuao (キャジュオ)
- ☐ **8 general** (一般の) ▶ generao (ジェネロォ)

リスニングのポイント

lの発音は「エル」ではありません。日本人はどうしてもこの「エル」の「ル」が気になるようです。l音は「エ」と発音した後、舌先を上の歯の裏側に付けるだけです。何となく日本語の「オ」のように聞こえますが、少なくとも「ル」とは発音されません。

1 Let me know when you need any help.
（手助けが必要なときは知らせてください）

2 We need some more milk.
（もう少しミルクが必要です）

3 Give me a call tonight.
（今夜電話して）

4 It's on sale now.
（それは今セールになっています）

5 I'll go to the hospital to see my friend.
（友だちを見舞いに病院に行きます）

6 Tom works for a local company.
（トムは地元の会社に勤めています）

7 You can wear casual clothes.
（カジュアルな服装を着て来ていいですよ）

8 In general, the trains arrive on time.
（一般的に、電車は時間通りに到着します）

基礎編

UNIT 30 l音の変化② table

今度のl音はカタカナ英語の考えをすっかり捨てて聞いてみましょう。例えば、tableやcandleは「テーブル」や「キャンドル」とは聞こえません。

- □ **1 table** ▶ tab**o**-（ティボォ）
  （テーブル）

- □ **2 people** ▶ peop**o**-（ピーポォ）
  （人々）

- □ **3 candle** ▶ cand**o**-（キャンドォ）
  （ろうそく）

- □ **4 double** ▶ doub**o**-（ダボォ）
  （ダブル）

- □ **5 turtle** ▶ turt**o**-（ターロォ）
  （カメ）

- □ **6 bubble** ▶ bubb**o**-（バボォ）
  （バブル、泡）

- □ **7 unbelievable** ▶ unbelievab**o**-
  （信じられない）　　　（アンブ**リ**ーヴァボォ）

- □ **8 responsible** ▶ responsib**o**-
  （責任がある）　　　（リス**パ**ンサボォ）

リスニングのポイント

~bleや~dleなど、子音とl音が連続する場合は、UNIT29と同様に、l音は舌先を上の歯の裏側に付けた状態です。ですからtableは[テイボォ]や[テイボー]、candleは[キャンドォ]や[キャンドー]のように聞こえます。

CD1 31

1 Can you clean the table?
（テーブルをきれいにしてもらえませんか）

2 Some people say so.
（そう言う人もいます）

3 Let's light a candle.
（ろうそくに火をつけましょう）

4 Can you double-check the figure?
（数字を再確認してもらえませんか）

5 They keep turtles at home.
（彼らは家でカメを飼っています）

6 The bubble burst.
（バブルがはじけた）

7 That's unbelievable!
（それは信じられない！）

8 I'm responsible for this matter.
（このことは私に責任があります）

基礎編

UNIT 31

tr音 tree

日本語は文字1つ1つをはっきり発音するのに対し、英語はまとまりで発音する言語です。日本語にはない子音の連なりは意外と日本人には苦手な音だったりします。

☐ **1 tr ee** ▶ [tr]ee (トゥリー)
　　(木)

☐ **2 tr y** ▶ [tr]y (トゥライ)
　　(やってみる)

☐ **3 tr ue** ▶ [tr]ue (トゥルー)
　　(本当の)

☐ **4 tr ick** ▶ [tr]ick (トゥリック)
　　(トリック)

☐ **5 tr uck** ▶ [tr]uck (トゥラック)
　　(トラック)

☐ **6 tr ansfer** ▶ [tr]ansfer (トゥランスファー)
　　(転勤させる)

☐ **7 coun tr y** ▶ coun[tr]y (カントゥリー)
　　(国)

☐ **8 con tr ibute** ▶ con[tr]ibu_
　　(貢献する) 　　　　(クントゥリビューッ[トゥ])

リスニングのポイント

treeやtryのようなtrの音は、t音とr音に分けずに1つの子音のように滑らかに発音されます。ですから[ツリー]や[トライ]とは聞こえません。[トゥ]とか時には日本語の[チュ]のように聞こえることもあります。

CD1 32

1 There was a big cherry tree there.
(そこには大きな桜の木がありました)

2 You should try it.
(やってみるべきですよ)

3 That's true.
(それは本当です)

4 Can your dog do tricks?
(あなたの犬は芸ができますか)

5 That's a big truck.
(大きなトラックですね)

6 Ms. Porter has been transferred to our Seattle Branch. (ポーターさんはシアトル支社に転勤になりました)

7 Which country would you like to visit?
(どの国に行きたいですか)

8 I want to contribute to the community.
(地域に貢献したいです)

基礎編

UNIT 32 str音 street

次は子音が3つ続きます。この3つで1つの音になりますので、何度も聞いて耳を慣らしていきましょう。straightは「ストレート」とは聞こえません。

- [ ] 1 **str**eet （通り） ▶ [str]ee_ （ストゥ**リ**ーッ[トゥ]）
- [ ] 2 **str**ange （奇妙な） ▶ [str]ange （ストゥ**レ**インジ）
- [ ] 3 **str**ess （ストレス） ▶ [str]ess （ストゥ**レ**ス）
- [ ] 4 **str**ong （強い） ▶ [str]on_ （ストゥ**ロ**ン）
- [ ] 5 **str**awberry （イチゴ） ▶ [str]awberry （ストゥ**ロ**ーベリー）
- [ ] 6 **str**aight （まっすぐ） ▶ [str]aigh_ （ストゥ**レ**イッ[トゥ]）
- [ ] 7 re**str**oom （トイレ） ▶ re[str]oom （**レ**ストゥルーム）
- [ ] 8 indu**str**y （産業） ▶ indu[str]y （**イ**ンダストゥリー）

リスニングのポイント

UNIT31と同様に、strの音は、s音とt音とr音に分けずに1つの子音のように続けて発音されます。[ストゥ]や[シュトゥ]に近い音に聞こえる場合もあります。自分で発音できるようになることが、正しいリスニングへの早道にもなります。

1 The street is very crowded now.
(今、道はとても混んでいます)

2 He is so strange.
(彼は本当に変だよね)

3 I'm under a lot of stress.
(私はストレスでいっぱいです)

4 He is a very strong man.
(彼はとても強い人です)

5 She bought some strawberries.
(彼女はイチゴを買いました)

6 Go straight two blocks.
(2ブロックまっすぐ行ってください)

7 I need a restroom.
(ちょっとお手洗いに)

8 The main industry of this area is farming.
(この地域の主要な産業は農業です)

UNIT 33 dr音 drink

次は子音2つになります。そろそろ耳は慣れてきましたか。英語は一度聞き慣れてしまうと驚くほどに聞き取れるものです。頑張りましょう！

- □ **1 dr**ink　（飲む）　▶ **[dr]**ink（ドゥ**リ**ンク）

- □ **2 dr**y　（乾燥させる）　▶ **[dr]**y（ドゥ**ラ**イ）

- □ **3 dr**ive　（運転する）　▶ **[dr]**ive（ドゥ**ラ**イヴ）

- □ **4 dr**ugstore　（ドラッグストア）　▶ **[dr]**ugstore（ドゥ**ラ**ッグストーァ）

- □ **5 dr**eam　（夢）　▶ **[dr]**eam（ドゥ**リ**ーム）

- □ **6 dr**aft　（下書き）　▶ **[dr]**aft（ドゥ**ラ**フトゥ）

- □ **7 hundr**ed　（百）　▶ hun**[dr]**ed（ハンドゥ**レ**ッドゥ）

- □ **8 laundr**y　（洗濯物）　▶ laun**[dr]**y（ラン**ドゥ**リー）

リスニングのポイント

dr音もUNIT31と同じように、d音とr音が1つの音のように続けて滑らかに発音されます。ですからdrinkやdriveは[ドゥリンク][ドゥライヴ]、または[ジュリンク][ジュライヴ]のように[ジュ]と[デュ]の間の音に聞こえるときもあります。

---

1 What would you like to drink?

（何をお飲みになりますか）

2 Dry your hair.

（髪を乾かしなさい）

3 I like driving.

（私は運転が好きです）

4 Is there a drugstore nearby?

（近くにドラッグストアはありますか）

5 My dream has come true.

（夢がかないました）

6 This is just a rough draft.

（これはまだ下書きです）

7 Mayuko has more than a hundred books. （マユコは本を100冊以上持っています）

8 Don't forget to do the laundry.

（洗濯するのを忘れないでね）

基礎編

UNIT 34 going to

洋楽などでも going to を gonna と発音しているものがありますね。すぐに使える表現でもありますので例文を聞こえたままに真似して言ってみるのもいい練習になります。

- [ ] **1 going to** ▶ gonna (ガナ)
   (〜するつもりだ)

- [ ] **2 going to** ▶ gonna (ガナ)
   (〜するつもりだ)

- [ ] **3 going to** ▶ gonna (ガナ)
   (〜だろう)

- [ ] **4 going to** ▶ gonna (ガナ)
   (〜だろう)

- [ ] **5 going to** ▶ gonna (ガナ)
   (〜だろう)

- [ ] **6 going to** ▶ gonna (ガナ)
   (〜するつもりだ)

- [ ] **7 going to** ▶ goin to (ゴウイントゥ)
   (〜するつもりだ)

- [ ] **8 going to** ▶ goin to (ゴウイントゥ)
   (〜するつもりだ)

リスニングのポイント

be going to ～のgoing toは会話では[gonna]と発音されます。例文7や8のように「そうするつもりです」などの意味で、toの後に動詞が省略された場合は、[gonna]という発音にはなりません。goingの後ろのgは鼻から抜けてほとんど聞こえません。

CD1 35

1 What are you going to do today?
(今日は何をするんですか)

2 I'm going to see him tonight.
(今夜彼に会うつもりです)

3 Everything's going to be all right.
(すべて大丈夫ですよ)

4 What's going to happen next?
(今度は何が起こるんだろう)

5 Nothing's going to change.
(何も変わりませんよ)

6 I was going to leave yesterday.
(私は昨日出発するつもりでした)

7 Yes, I'm going to.
(はい、そうするつもりです)

8 I was going to, but I didn't.
(そうするつもりでしたが、しませんでした)

UNIT 35 want to

こちらもよく聞く表現です。歌詞や映画のセリフ、日常会話など、様々な場面で使われます。

- □ **1 want to** ▶ wanna (ワナ)
  (〜したい)

- □ **2 want to** ▶ wanna (ワナ)
  (〜したい)

- □ **3 want to** ▶ wanna (ワナ)
  (〜したい)

- □ **4 want to** ▶ wanna (ワナ)
  (〜したい)

- □ **5 want to** ▶ wanna (ワナ)
  (〜したい)

- □ **6 want to** ▶ wanna (ワナ)
  (〜したい)

- □ **7 want to** ▶ wan to (ワントゥ)
  (〜したい)

- □ **8 want to** ▶ wan to (ワントゥ)
  (〜したい)

リスニングのポイント

want to は want の t と to の t がつながって [wan to] や [wanna] と聞こえます。例文7や8のように「そうしたいですか」などの意味で、to の後に動詞が省略された場合は、[wanna] ではなく [wan to] という発音になります。

CD1 36

1 I want to go with you.
（あなたと一緒に行きたいです）

2 I want to be a lawyer.
（弁護士になりたいです）

3 I don't want to see her.
（彼女には会いたくありません）

4 I don't want to cook tonight.
（今夜は料理したくありません）

5 Do you want to get some coffee?
（コーヒーを飲みに行きたいですか）

6 Do you want to help me?
（私を手伝ってもらえませんか）

7 Do you want to?
（そうしたいですか）

8 I don't want to.
（したくありません）

UNIT 36 got to

単語の後にtoがくる場合は音が変化したり、つないだりと言いやすいように言い換えられることが多いようですね。このgot to [godda]も日常会話頻出表現です。

- □ **1 got to** ▶ godda (ガラ)/(ガダ)
  (～しなければならない)

- □ **2 got to** ▶ godda (ガラ)/(ガダ)
  (～しなければならない)

- □ **3 got to** ▶ godda (ガラ)/(ガダ)
  (～しなければならない)

- □ **4 got to** ▶ godda (ガラ)/(ガダ)
  (～しなければならない)

- □ **5 got to** ▶ godda (ガラ)/(ガダ)
  (～しなければならない)

- □ **6 got to** ▶ godda (ガラ)/(ガダ)
  (～しなければならない)

- □ **7 got to** ▶ godda (ガラ)/(ガダ)
  (～しなければならない)

- □ **8 got to** ▶ godda (ガラ)/(ガダ)
  (～しなければならない)

リスニングのポイント

got to ～はhave to ～のくだけた言い方で「～しなければならない」という意味です。gotのtとtoのtがつながって、日本語の小さい「ッ」のようになり、[ガットゥー]やd音や日本語のラ行の音のようになり「ガダ」「ガラ」に聞こえます。

CD1 37

1 I got to go now.
（もう行かなければなりません）

2 I got to talk to him soon.
（そのうち彼と話をしなくちゃ）

3 I got to get up early tomorrow.
（明日は早く起きないといけません）

4 I got to finish it by ten o'clock.
（それを10時までに終わらせなくては）

5 We got to exercise more.
（私たちはもっと運動しなくてはいけません）

6 We got to help each other.
（私たちはお互いに助け合わないとね）

7 You got to study harder.
（あなたはもっと勉強しないといけませんよ）

8 You got to do what you got to do.
（しないといけないことは、ちゃんとしなくては）

基礎編

UNIT 37 ofとand

接続詞や前置詞は弱く発音されたり、名詞や動詞につながって発音されたり聞きとりづらい存在です。どのような変化をするか知っておきましょう。

- **1 a cup of ~**
  (1杯の～)
  ▶ a cu**pa** (ア **カ**パ[ヴ])

- **2 a lot of ~**
  (たくさんの～)
  ▶ a lo**da** (ア **ラ**ーラ[ヴ])

- **3 a piece of ~**
  (1枚の～)
  ▶ a pie**sa** (ア **ピ**ーサ[ヴ])

- **4 kind of ~**
  (わりと～)
  ▶ kin**da** (**カ**インダ[ヴ]／**カ**イナ)

- **5 you and me**
  (あなたと私)
  ▶ youa**nm**e (**ユ**ー エン **ミ**ー)

- **6 up and down**
  (上がったり下がったり)
  ▶ upa**nd**own (**ア**ッペン**ダ**ゥン)

- **7 nice and warm**
  (暖かくて気持ちいい)
  ▶ nicea**nw**arm
  (**ナ**ィセン **ウ**ォーム)

- **8 black and white**
  (白黒)
  ▶ blacka**nw**hi_
  (**ブ**ラッケン[ホ] **ワ**ィッ[トゥ])

リスニングのポイント

前置詞や接続詞などの機能語は、最後の音が消えがちになります。特にofとandは顕著で、ofのf、andのdが発音されずにそのまま後ろの単語につながって聞こえます。ofのoとandのanは非常に軽く発音されます。

CD1 38

1 I'll have a cup of coffee.
（コーヒーを1杯いただきます）

2 There was a lot of food.
（食べ物がたくさんありました）

3 Do you have a piece of paper?
（紙を1枚お持ちですか）

4 He is kind of nice.
（彼はわりといい人ですよ）

5 This is just between you and me.
（ここだけの話だよ[内緒にしててね]）

6 Currency rates are going up and down.
（通貨のレートが上がったり下がったりしています）

7 It's nice and warm in here.
（ここは暖かくていいですね）

8 Print it out in black and white.
（白黒で印刷してください）

基礎編

UNIT 38 短縮形① I'm

be動詞は短縮されることが大変多い動詞です。主語を聞き分けてどの動詞が使われているかある程度予測するのもひとつの聞き取り方かもしれません。

- **1 I'm** (I am) ▶ I'm (アィム)

- **2 I'm** (I am) ▶ I'm (アィム)

- **3 you're** (you are) ▶ you're (ユァ)

- **4 they're** (they are) ▶ they're (ゼァ)

- **5 he's** (he is) ▶ he's (ヒーズ)

- **6 my name's** (my name is) ▶ my name's (マィ ネィムズ)
  (私の名前は〜)

- **7 you had better** ▶ you better (ユ ベラ)
  (あなたは〜したほうがよい)

- **8 I had better** ▶ I better (アィ ベラ)
  (私は〜したほうがよい)

リスニングのポイント

be動詞(am、are、is)は主語とつながって短く発音される傾向にあります。例えば、I amはI'm、You areはYou're、He isはHe'sとなります。また、had better(〜したほうがいい)のhadはほとんど聞こえません。

CD1 39

1 I'm from Hiroshima, Japan.
(私は日本の広島出身です)

2 I'm not sure.
(よくわかりません)

3 You're welcome.
(どういたしまして)

4 They're my parents.
(彼らは私の両親です)

5 He's a nice man.
(彼はいい人です)

6 My name's Lisa.
(私の名前はリサです)

7 You had better stay home.
(あなたは家にいたほうがいいですよ)

8 I had better go now.
(もう行かなくちゃ)

UNIT 39 短縮形② I'll

助動詞will、wouldやhaveも短縮されることが多く聞き取りを難しくさせる一因でもあります。ここでしっかり耳トレをしましょう。

- [ ] **1** I'll (I will) ▶ I'o (アイォ)
- [ ] **2** I'll (I will) ▶ I'o (アイォ)
- [ ] **3** you'll (you will) ▶ you'o (ユーォ)
- [ ] **4** she'll (she will) ▶ she'o (シーォ)
- [ ] **5** I'd (I would) ▶ I'd (アイドゥ)
- [ ] **6** I'd (I would) ▶ I'd (アイドゥ)
- [ ] **7** I've (I have) ▶ I've (アイヴ)
- [ ] **8** you've (you have) ▶ you've (ユーヴ)

リスニングのポイント

I will は I'll となり、I の発音は舌先が上の歯の裏側に付くだけですので、[アイォ] のように聞こえます。同様に I would は I'd [アイドゥ] となります。完了形の have についても、例えば I have (＋過去分詞) は I've [アイヴ] と聞こえます。

CD1 40

1 I'll do it tomorrow.
(私が明日やります)

2 I'll see you tomorrow.
(明日会いましょう)

3 You'll regret it.
(君は後悔するよ)

4 She'll be here soon.
(彼女はまもなく参ります)

5 I'd like to meet him.
(彼にお会いしたいです)

6 I'd like to have some tea, please.
(紅茶をいただきます)

7 I've never seen him before.
(私は以前彼に会ったことがありません)

8 You've been cooking all day.
(あなたは1日中料理していますね)

基礎編

UNIT 40 短縮形③ because

ネイティブの小学生がshould haveをshould ofと書き間違えることがあります。それは、発音上は同じ音だからなんですね。

- □ 1 because ▶ cuz (カズ)

- □ 2 because ▶ cuz (カズ)

- □ 3 wait till ▶ wait'l (ウェイロォ)

- □ 4 wait till ▶ wait'l (ウェイロォ)

- □ 5 should have ▶ should've (シュドゥヴ)

- □ 6 should have ▶ should've (シュドゥヴ)

- □ 7 could have ▶ could've (クドゥヴ)

- □ 8 could have ▶ could've (クドゥヴ)

リスニングのポイント

becauseは後ろのcauseだけを短く[cuz]と発音する場合があります。またtillも直前にwaitが来ると[wait'l]のように短縮されます。should（could）have+過去分詞もshould'veやcould'veのように短縮されます。

CD1 41

1 I'm not going out because it's raining.

（雨が降っているので、外出はしません）

2 I did it because I thought it was right.

（それが正しいと思ったのでそうしました）

3 Can you wait till he comes back?

（彼が戻ってくるまで待ってもらえませんか）

4 You should wait till tomorrow.

（明日まで待ったほうがいいですよ）

5 I should have known better.

（そんなばかなことをするべきではなかった）

6 You should have come.

（あなたは来るべきだったのに）

7 It could have been worse.

（不幸中の幸いでした）

8 We could have won.

（私たちは勝てていたのに[勝てたはずなのに]）

基礎編

UNIT 41 肯定と否定① can / can't

聞き取りにくく、聞き取られにくいのがcanの否定形です。
聞くだけでなく声に出して練習することをおすすめします。

- ☐ 1 **can / can't**
  [ə]   [æ]
  ▶ can (キャン)(クン)/ can'_ (**キャ**ーン[トゥ])

- ☐ 2 **can / can't**
  [ə]   [æ]
  ▶ can (キャン)(クン)/ can'_ (**キャ**ーン[トゥ])

- ☐ 3 **can / can't**
  [ə]   [æ]
  ▶ can (キャン)(クン)/ can'_ (**キャ**ーン[トゥ])

- ☐ 4 **can / can't**
  [ə]   [æ]
  ▶ can (キャン)(クン)/ can'_ (**キャ**ーン[トゥ])

- ☐ 5 **can / can't**
  [ə]   [æ]
  ▶ can (キャン)(クン)/ can'_ (**キャ**ーン[トゥ])

- ☐ 6 **can / can't**
  [ə]   [æ]
  ▶ can (キャン)(クン)/ can'_ (**キャ**ーン[トゥ])

- ☐ 7 **can / can't**
  [ə]   [æ]
  ▶ can (キャン)(クン)/ can'_ (**キャ**ーン[トゥ])

- ☐ 8 **can / can't**
  [ə]   [æ]
  ▶ can (キャン)(クン)/ can'_ (**キャ**ーン[トゥ])

リスニングのポイント

can'tはcannotの短縮形です。canとcan'tの聞き分けは、can'tのtがほとんど聞こえないために意外に難しいものです。聞き取りのコツとしては、canは割と弱く短く聞こえるのに対し、can'tはcanよりも若干強く、長めに聞こえます。

CD1 42

1 I can swim. / I can't swim.
（泳げます／泳げません）

2 I can drive. / I can't drive.
（運転できます／運転はできません）

3 I can speak English. / I can't speak English. （英語を話せます／英語は話せません）

4 I can sing, but I can't dance.
（歌えますが、踊れません）

5 I can ski, but I can't skate.
（スキーはできますが、スケートはできません）

6 I can play the piano, but I can't play the guitar. （ピアノは弾けますが、ギターは弾けません）

7 I can come, but I can't stay long.
（行けますが、長居はできません）

8 I can see you today, but I can't see you tomorrow. （今日は会えますが、明日は会えません）

基礎編

UNIT 42 肯定と否定② is / isn't

会話の中で聞き取るのは難しくても、しっかり抑揚を聞き分けて大切なポイントを掴めば大丈夫。否定文の短縮は一般的ですが、肯定文では主語との短縮が起こります。

□ **1 he's / he isn't**
(he is / he is not)
▶ he's (ヒーズ) /
he isn'_ (ヒーイズン[トゥ])

□ **2 she's / she isn't**
(she is / she is not)
▶ she's (シーズ) /
she isn'_ (シーイズン[トゥ])

□ **3 we're / we aren't**
(we are / we are not)
▶ we're (ウィア) /
we aren'_ (ウィアーン[トゥ])

□ **4 they're / they aren't**
(they are / they are not)
▶ they're (ゼア) /
they aren'_ (ゼイアーン[トゥ])

□ **5 I've / I haven't**
(I have / I have not)
▶ I've (アイヴ) /
I haven'_ (アイハヴン[トゥ])

□ **6 I've / I haven't**
(I have / I have not)
▶ I've (アイヴ) /
I haven'_ (アイハヴン[トゥ])

□ **7 he's / he hasn't**
(he has / he has not)
▶ he's (ヒーズ) /
he has'n_ (ヒーハズン[トゥ])

□ **8 It's / it hasn't**
(It has / it has not)
▶ it's (イッツ) /
i_ hasn'_ (イッハズン[トゥ])

リスニングのポイント

否定文ではis notが短縮されてisn't、have notがhaven'tとなりますが、肯定文の現在形では、he isはhe's、we areはwe're、完了形ではI haveはI've、it hasはit'sとなりがちです。's、're、'veなどは軽く弱く発音されます。

CD1 43

1 He's leaving. / He isn't leaving.
（彼は帰ります／彼は帰りません）

2 She's perfect. / She isn't perfect.
（彼女は完璧です／彼女は完璧ではありません）

3 We're satisfied. / We aren't satisfied.
（私たちは満足しています／私たちは満足していません）

4 They're busy. / They aren't busy.
（彼らは忙しいです／彼らは忙しくありません）

5 I've finished it. / I haven't finished it.
（私は終わりました／私は終わっていません）

6 I've spent so much money. / I haven't spent so much money. （お金をたくさん使いました／お金をあまり使いませんでした）

7 He's been trying hard. / He hasn't been trying hard. （彼は熱心にやっています／彼は熱心にやっていません）

8 It's been sunny lately. / It hasn't been sunny lately. （最近天気がいいです／最近天気がよくありません）

基礎編

リスニング大特訓

知っ得！納得！ 1

子音が連なる英語を上手く聞き取ろう

　英語と日本語では、発音のしかたが大きく異なります。日本語は基本的には子音と母音の連なりです。例えば、「かきくけこ」は「ka・ki・ku・ke・ko」のようにkという子音にそれぞれa・i・u・e・oいずれかの母音が続きます。ところが、英語ではdrinkのdrやstreetのstrなど、子音が続く場合がよくあります。日本人はいつもの癖でdrinkを［do・ri・n・ku］（ドリンク）、streetを［su・to・ri・i・to］（ストリート）と発音しがちです。発音がそうであれば聞き取りも同じで、子音の後に母音を自然に期待してしまいます。

　英語のリスニングに慣れるには、子音の連なりを上手く聞き取れるようになることが大事です。そして、リスニングと同時に、自分でもある程度発音できるようになることも重要です。drinkのdrやstreetのstrはひとまとまりで素早く聞こえてきます。drやstrなどを1つの子音と捉え、発音練習をしてみましょう。Excuse me.（すみません）も「エクスキューズミー」（e・ku・su・kyu・u・zu・mi・i）ではありません。ku・suのuはなくksと続けて発音し、zuもzだけしか聞こえません。このような簡単な英語表現でも、リスニングや発音の落とし穴があるのです。

第2章

弱点克服

次は、日本人が苦手としている母音や子音の
聞き分けの練習をしましょう。
この聞き分けができたら、耳が英語に慣れてきている証拠です。
何度も聞いて耳づくりをしていきましょう！

CD1 44 ▶▶ CD1 55

聞き分けする単語（左ページ）▶▶ 例文／英語のみ（右ページ）▶▶ リピートポーズ

UNIT 43

母音① color / collar

motherとfatherを[マザー]、[ファーザー]と長い短いで判断していませんでしたか。実はmotherは[ʌ]でfatherは[ɑ]です。音の長さというよりも音の質自体が違うのです。

□ 1 **color** ・ **collar**
　　　[ʌ]　　　　[ɑ]
　　　　(色・襟)

□ 2 **rub** ・ **rob**
　　　[ʌ]　　　[ɑ]
　　(こする・強奪する)

□ 3 **hug** ・ **hog**
　　　[ʌ]　　　[ɑ]
　　(抱きしめる・ブタ)

□ 4 **luck** ・ **lock**
　　　[ʌ]　　　　[ɑ]
　　　　(運・錠)

□ 5 **hut** ・ **hot**
　　　[ʌ]　　　[ɑ]
　　　(小屋・暑い)

□ 6 **gulf** ・ **golf**
　　　[ʌ]　　　　[ɑ]
　　　(湾・ゴルフ)

□ 7 **nut** ・ **not**
　　　[ʌ]　　　[ɑ]
　　(木の実・〜ではない)

□ 8 **stuck** ・ **stock**
　　　[ʌ]　　　　　[ɑ]
　　(行き詰まった・在庫)

> **リスニングのポイント**
>
> [ʌ]は口の開け方を中くらいにして少し「ぼけたア」に聞こえるのに対して、[ɑ]は口を大きく、口の中を広く保ちますので、アがはっきり聞こえます。[ʌ]は日本語の[ア]によく似ています。

CD1 44

1 What color is your car? / Your collar is dirty. （あなたの車は何色ですか／襟が汚れていますよ）

2 Don't rub your eyes. / They robbed the bank. （目をこすらないで／彼らは銀行強盗をした）

3 Give me a hug. / He eats like a hog. （抱いて／彼は[豚のように]がつがつ食べる）

4 Good luck. / Can you lock the door? （頑張って／ドアにカギをかけてくれませんか）

5 They live in a little hut. / I don't like this hot weather. （彼らは小さな小屋に住んでいます／この暑い天気は嫌いです）

6 The Gulf of Mexico is so big. / Do you still play golf? （メキシコ湾はとても大きいですね／まだゴルフしてますか）

7 Children were gathering nuts. / That's not right. （子どもたちは木の実を拾っていました／それは正しくありません）

8 I was stuck in a traffic jam. / Do you have them in stock? （交通渋滞で動けなくなった／在庫ありますか）

基礎編

UNIT 44 母音② truck / track

母音の聞き分けほど難しいものはないといっても過言ではありません。英語に慣れるためにはひたすら聞くしかありません。声に出しても言ってみましょう。

□ **1** **truck** · **track**
[ʌ] [æ]
（トラック[車]・トラック[陸上]）

□ **2** **stuff** · **staff**
[ʌ] [æ]
（物、お腹いっぱいにする・スタッフ）

□ **3** **bud** · **bad**
[ʌ] [æ]
（芽、つぼみ・悪い）

□ **4** **run** · **ran**
[ʌ] [æ]
（走る・走った）

□ **5** **buck** · **back**
[ʌ] [æ]
（ドル・後ろ、背中）

□ **6** **fun** · **fan**
[ʌ] [æ]
（楽しみ・ファン）

□ **7** **hut** · **hat**
[ʌ] [æ]
（小屋・帽子）

□ **8** **bug** · **bag**
[ʌ] [æ]
（虫・袋）

リスニングのポイント

例えば、車のトラックも陸上のトラックも、日本語では同じ[トラック]と発音しますが、英語では全く異なる発音です。陸上のトラックの[ラ]は[ラ]と[レ]の中間音で、車のトラックの[ラ]よりも少し長く聞こえます。

CD1 45

1 He is a truck driver. / You are on the right track. （彼はトラックの運転手です／君は道を間違えていない[そのやり方で大丈夫だ]）

2 I'm stuffed. / They are having a staff meeting. （お腹いっぱいです／彼らはスタッフ会議をしています）

3 The trees are in bud. / I think it's a bad idea. （木はつぼみをつけている／それは名案ではないと思います）

4 We have to run to catch the train. / He ran fastest. （電車に間に合うように走らないと／彼は一番速く走りました）

5 It was ten bucks. / Can you scratch my back? （それは10ドルでした／背中をかいてくれない？）

6 Did you have fun? / She is a movie fan. （楽しかった？／彼女は映画ファンです）

7 They built a wooden hut. / Please take off your hat. （彼らは木の小屋を建てました／帽子を脱いでください）

8 There is a bug in the kitchen. / Do you need a bag? （台所に虫がいるよ／袋が必要ですか）

基礎編

UNIT 45 母音③ star / stir

母音が5個(あいうえお)しかない日本語に対し英語は10個以上あるといわれています。単語そのものが聞き分けられなくても前後の内容から予測することもできます。

□ 1 **star** [ɑ] ・ **stir** [ə]
(星・かき混ぜる)

□ 2 **farm** [ɑ] ・ **firm** [ə]
(農場・堅い)

□ 3 **far** [ɑ] ・ **fur** [ə]
(遠い・毛皮)

□ 4 **dart** [ɑ] ・ **dirt** [ə]
(投げ矢・泥)

□ 5 **barn** [ɑ] ・ **burn** [ə]
(納屋・燃やす)

□ 6 **carve** [ɑ] ・ **curve** [ə]
(彫る・曲線、カーブ)

□ 7 **hard** [ɑ] ・ **heard** [ə]
(激しく・聞いた [hearの過去形])

□ 8 **heart** [ɑ] ・ **hurt** [ə]
(心・傷つける)

リスニングのポイント

star（星）は、日本語の[ア]よりも口が大きく、口の中を広くし[ア]の音がはっきり聞こえますが、stir（かき混ぜる）は、口に人差し指をくわえて両唇が人差し指から離れないくらいに開くので、[ア]と[ウ]の間のこもった音に聞こえます。

CD1 46

1 I saw a shooting star. / Stir your coffee with the spoon. （流れ星を見たよ／コーヒーをスプーンで混ぜて）

2 He works on the farm. / I prefer a firm mattress. （彼は農場で働いています／私は堅めのマットレスが好きです）

3 Is it far from here? / Jennie bought a fur coat. （それはここから遠いですか／ジェニーは毛皮のコートを買いました）

4 Have you played darts? / Look at the dirt on my car. （ダーツしたことある？／僕の車についた泥を見てよ）

5 Put them in the barn. / The toast is burnt. （それらを納屋に入れてください／トーストがこげちゃった）

6 I carved my name on the plate. / There is a sharp curve. （プレートに名前を彫りました／急カーブがあるよ）

7 It's raining hard. / I heard the news. （雨が激しく降っています／そのニュースは聞きました）

8 John is a man with a warm heart. / I hurt my leg. （ジョンは暖かい心の持ち主です／脚をけがしました）

基礎編

UNIT 46 母音④ low / law

単語を書くときにoなのかaなのかと迷うことがあります。聞き取りができるようになればそんな風に迷うことも減るでしょう。

□ **1**   **low** [ou] ・ **law** [ɔː]
(低い・法律)

□ **2**   **sew** [ou] ・ **saw** [ɔː]
(縫う・見た、会った [seeの過去形])

□ **3**   **row** [ou] ・ **raw** [ɔː]
(列・生の)

□ **4**   **hole** [ou] ・ **hall** [ɔː]
(穴・会場、廊下)

□ **5**   **bowl** [ou] ・ **ball** [ɔː]
(どんぶり・球)

□ **6**   **coal** [ou] ・ **call** [ɔː]
(石炭・電話する、呼ぶ)

□ **7**   **boat** [ou] ・ **bought** [ɔː]
(ボート・買った [buyの過去形])

□ **8**   **coat** [ou] ・ **caught** [ɔː]
(コート・捕まえた [catchの過去形])

リスニングのポイント

[ou]は2つの母音が一緒になった音(二重母音)なので、日本語の「追う」のように[オ]と[ウ]の2つの母音に分かれては聞こえません。それに対して[ɔː]は、地域によっても若干違いはありますが、[オ]と[ア]の中間音が伸びた感じに聞こえます。

1 The ceiling is low. / That's against the law. (天井が低いですね／それは違法です)

2 Can you sew a ribbon to the hat? / I saw her yesterday. (帽子にリボンを縫いつけてもらえませんか／昨日彼女に会いました)

3 We won three games in a row. / The meat is still raw. (私たちは3試合連続で勝ちました／肉はまだ生煮えです)

4 You've got a hole in your sweater. / The hall was full of people. (セーターに穴があいてるよ／会場は人でいっぱいでした)

5 Can I have another bowl of rice? / Throw the ball to me. (もう一杯ごはんをいただけませんか／ボールをこっちに投げて)

6 They used to work in the coal mines. / You can call me anytime. (彼らは以前炭鉱で働いていました／いつ電話してもいいですよ)

7 Can you row a boat? / I bought him a pair of shoes. (ボートをこげますか／彼に靴を一足買ってあげました)

8 You should wear a heavy coat. / I was caught in a shower. (厚手のコートを着たほうがいいですよ／夕立にあってしまいました)

UNIT 47 母音⑤ sauce / source

英語では、つづりは発音の大きなヒントになります。基本的にau、aw、oughtは[ɔː]と伸びる音になります。

□ 1 **sauce** [ɔː] ・ **source** [ɔr]
（ソース・源）

□ 2 **raw** [ɔː] ・ **roar** [ɔr]
（生の・ほえる）

□ 3 **paw** [ɔː] ・ **pour** [ɔr]
（[犬、猫の]足・注ぐ）

□ 4 **saw** [ɔː] ・ **sore** [ɔr]
（見た、会った[seeの過去形]・痛い）

□ 5 **flaw** [ɔː] ・ **floor** [ɔr]
（欠点・床、階）

□ 6 **fought** [ɔː] ・ **fort** [ɔr]
（戦った[fightの過去形]・とりで）

□ 7 **caught** [ɔː] ・ **court** [ɔr]
（捕まえた[catchの過去形]・[テニスなどの]コート）

□ 8 **sought** [ɔː] ・ **sort** [ɔr]
（探した[seekの過去形]・種類）

リスニングのポイント

[ɔː]は[ア]と[オ]が混ざって伸びた感じに聞こえます。それに対して[ɔr]は[オ]がはっきり聞こえ、舌をそらせるために少しこもった音に聞こえます。例えば、「とんかつソース」のsauce、「ニュースソース」のsourceは、実際は異なる音です。

CD1 48

1 Do you like soy sauce? / Traveling is a source of pleasure to me. （醤油好きですか／旅行は私にとって喜びの源です）

2 Eat raw vegetables. / I heard the lion roar. （生野菜を食べなさい／ライオンがほえるのが聞こえました）

3 That cat's paws are so cute. / She poured some water into the glass. （そのネコの足は可愛いね／彼女はグラスに水を注ぎました）

4 I saw Rachel yesterday. / I have a sore throat. （昨日レイチェルを見かけたよ／のどが痛いです）

5 There is a major flaw in the software. / It's on the second floor. （そのソフトウェアには大きな欠点があります／それは2階にあります）

6 They fought against their enemy. / They built a fort. （彼らは敵と戦いました／彼らは砦を築きました）

7 The police caught the criminal. / Where is the tennis court? （警察は犯人を捕まえました／テニスコートはどこですか）

8 I have sought a solution to the problem. / The library has all sorts of books. （私は問題の解決方法を探しました／その図書館にはいろんな種類の本がありますよ）

基礎編

UNIT 48 子音① light / right

l音とr音の違いです。lice（しらみ）とrice（米）はよく知られている違いの1つです。苦手意識を持たず聞いてみましょう。案外聞き分けられるものです。

☐ **1**　**light** ・ **right**
[l]　　　[r]
（光・右）

☐ **2**　**lock** ・ **rock**
[l]　　　[r]
（カギ・岩）

☐ **3**　**lace** ・ **race**
[l]　　　[r]
（レース[編み物]・レース[競争]）

☐ **4**　**lead** ・ **read**
[l]　　　[r]
（導く・読む）

☐ **5**　**long** ・ **wrong**
[l]　　　　[r]
（長い・間違っている）

☐ **6**　**play** ・ **pray**
[l]　　　[r]
（遊ぶ・祈る）

☐ **7**　**collect** ・ **correct**
　　[l]　　　　　[r]
（集める・訂正する）

☐ **8**　**fly** ・ **fry**
[l]　　[r]
（飛ぶ・炒める）

リスニングのポイント

日本語で「レース」というと「編み物」のレースと「競争」のレースがありますが、英語では発音が異なります。「編み物」のほうはlace、「競争」のほうはraceです。lは舌先が上の歯の裏側につき、rは口を丸め舌先は上の歯茎にはつきません。

CD1 49

1 Turn on the light. / Turn to the right.
（電気をつけなさい／右に曲がりなさい）

2 The lock is broken. / Ted loves rock climbing.
（その錠は壊れています／テッドはロッククライミングがとても好きです）

3 I have to buy lace curtains. / She came first in the race. （レースのカーテンを買わなければいけません／彼女はレースで1着でした）

4 Please lead him to the chair. / Please read the manual first. （彼をいすに連れて行ってください／初めに説明書を読んでください）

5 That story was long. / The answer was wrong. （その物語は長かったです／その答えは間違っていました）

6 Let's play tennis. / Let's pray for the sick people. （テニスをしましょう／病気の人々のために祈りましょう）

7 Please collect information about it. / Please correct any mistakes. （それについて情報を収集してください／どんな間違いも訂正してください）

8 He is going to fly from Tokyo to LA. / I'm going to fry the vegetables. （彼は東京からロサンゼルスに飛行機で行きます／私は野菜を炒めます）

UNIT 49 子音② she / see

子音はコツさえつかめば簡単に聞き分けられるようになります。話す時は区別をしっかりつけて話せば意味も通じやすくなります。

□ **1**　　**she** ・ **see**
　　　　　[ʃ]　　[s]
　　　　（彼女は・見る、会う）

□ **2**　　**sheet** ・ **seat**
　　　　　[ʃ]　　　[s]
　　　　　（1枚の紙・座席）

□ **3**　　**ship** ・ **sip**
　　　　　[ʃ]　　[s]
　　　　　（船・一口）

□ **4**　　**shin** ・ **sin**
　　　　　[ʃ]　　[s]
　　　　（向こうずね・罪）

□ **5**　　**she'll** ・ **seal**
　　　　　[ʃ]　　　[s]
　　　（she willの短縮形・封をする）

□ **6**　　**she's** ・ **seize**
　　　　　[ʃ]　　　[s]
　　　（she isの短縮形・つかむ）

□ **7**　　**sit** ・ **simple** ・ **silver**　▶ [シ]ではなく[スィ]に聞こえます。
　　　　[s]　　[s]　　　[s]
　　　　（座る・単純な・銀）

□ **8**　　**taxi** ・ **single** ・ **signal**　▶ [シ]ではなく[スィ]に聞こえます。
　　　　　[s]　　[s]　　　[s]
　　　（タクシー・シングル・シグナル）

リスニングのポイント

shは日本語の[シ]を鋭くしたような音です。「静かに！」という意味で「シー！」と言うときの音です。それに対してsは[シ]というよりも、どちらかというと[スィ]のように聞こえます。sは[ス]と[イ]を同時に発音すると上手くいきますよ。

1 She is a college student. / See you tomorrow. （彼女は大学生です／明日お会いしましょう）

2 Write them on your answer sheet. / I'd like a window seat. （それらを解答用紙に書いてください／窓側の席をお願いします）

3 That's a big ship. / She took a sip.
（あれは大きな船ですね／彼女は一口飲みました）

4 I hit my shin. / It's a sin to waste money.
（向こうずねを打ちました／お金を無駄遣いするとばちがあたるよ）

5 She'll be twenty next year. / Seal the envelope. （彼女は来年二十歳になります／封筒に封をしてください）

6 She's nice. / He seized her wrist.
（彼女は親切ですよ／彼は彼女の手首をぐいっとつかみました）

7 sit down / a simple question / a silver medal （座る／単純な質問／銀メダル）

8 take a taxi / a single word / a traffic signal
（タクシーに乗る／一言／交通信号）

UNIT 50 子音③ sink / think

th音はカタカナで表現することができない英語独特の音です。s音とth音の発音を比較して聞いてみるとわかりやすいでしょう。

☐ **1** **sink** · **think**
[s] [θ]
(沈む・思う、考える)

☐ **2** **some** · **thumb**
[s] [θ]
(いくつかの・親指)

☐ **3** **sick** · **thick**
[s] [θ]
(病気の・厚い)

☐ **4** **sin** · **thin**
[s] [θ]
(罪・薄い、痩せている)

☐ **5** **sing** · **thing**
[s] [θ]
(歌う・物、事)

☐ **6** **mouse** · **mouth**
[s] [θ]
(ネズミ・口)

☐ **7** **moss** · **moth**
[s] [θ]
(コケ[植物]・ガ[昆虫])

☐ **8** **worse** · **worth**
[s] [θ]
(より悪い[badの比較級]・価値)

リスニングのポイント

sの音が含まれる語は[ス]の音が鋭く聞こえますが、thの音は舌と歯の軽い摩擦ですので、sの音のように[ス]という音がはっきりとは聞こえません。特にmouthやmothのようにthが語尾に来る場合は、ほとんど聞こえないときもあります。

CD1 51

1 The ship started to sink. / I think so, too. （船が沈み始めました／私もそう思います）

2 There are some cookies on the table. / The baby was sucking her thumb. （テーブルにクッキーがいくつかあります／赤ちゃんは親指をしゃぶっていました）

3 I feel sick. / This book is thick.
（具合が悪いです／この本は厚いですね）

4 He has no sense of sin. / She is so thin.
（彼には罪意識がない／彼女は本当に痩せてますね）

5 You sing so well. / I never do such a thing.
（あなたは歌がとても上手ですね／私は決してそんなことはしません）

6 I want to see Mickey Mouse. / Don't talk with your mouth full. （ミッキーマウスに会いたいな／口に食べ物をいっぱい入れたまましゃべらないで）

7 The wall is covered with moss. / A moth flew into the house. （壁はコケで覆われています／蛾が家の中に飛んで入って来ました）

8 Things got worse. / It's not worth it.
（余計悪くなってしまいました／そうする価値はないよ）

UNIT 51 子音④ berry / very

b音とv音の違いは子音の中では聞き分けが難しい方といえるかもしれません。摩擦するv音は日本語にはないので、b音と比較しながら注意して聞いてみましょう。

☐ **1** **berry** ・ **very**
[b]　　[v]
(イチゴ類[ベリー]・とても)

☐ **2** **boat** ・ **vote**
[b]　　[v]
(ボート・投票する)

☐ **3** **best** ・ **vest**
[b]　　[v]
(一番良い・ベスト[チョッキ])

☐ **4** **bend** ・ **vend**
[b]　　[v]
(曲げる・売る)

☐ **5** **base** ・ **vase**
[b]　　[v]
(基礎、基地・花瓶、つぼ)

☐ **6** **ban** ・ **van**
[b]　　[v]
(禁止する・バン[ボックス型の車])

☐ **7** **bow** ・ **vow**
[b]　　[v]
(お辞儀・誓い)

☐ **8** **curb** ・ **curve**
[b]　　　[v]
(歩道の縁石・曲線)

リスニングのポイント

bは日本語の「バ行」の音とほとんど同じ発音です。強いて言えば、バ行の音を息を強く出して発音します。vは少し擦れたような摩擦音が聞こえます。自分でも、上の歯を下の唇に乗せ、va, vi, vu, ve, voと発音してみましょう。

CD1 52

1. She was picking berries. / She is very smart. （彼女はベリーを摘んでいました／彼女はとても頭がいいです）

2. He owns a fishing boat. / Did you go to vote? （彼は釣り船を持っています／投票には行きましたか）

3. He is my best friend. / Put on your vest. （彼は私の一番の親友です／ベストを着なさい）

4. Bend your knees. / They vend hotdogs in that park. （ひざを曲げなさい／あの公園でホットドッグを売っているよ）

5. This lamp has a heavy metal base. / This vase breaks easily. （このランプは重い金属性の土台が付いています／この花瓶は壊れやすいです）

6. He was banned from driving for a month. / She drives a van. （彼は1ヶ月間運転を禁止されました／彼女はバンを運転します）

7. Japanese often bow. / He made a vow to give up smoking. （日本人はよくお辞儀をします／彼は禁煙を誓いました）

8. Park at the curb. / Draw a curve. （歩道の縁石に寄せて車を止めてください／曲線を描いてください）

基礎編

UNIT 52 外来語① chocolate

カタカナ英語は便利なこともありますが、同じくらい落とし穴もたくさんあります。身近なカタカナ英語から攻略するのもいいかもしれません。

- □ **1 chocolate** ▶ チャカリッ(トゥ)
  (チョコレート)

- □ **2 label** ▶ レィボォ
  (ラベル)

- □ **3 coupon** ▶ キューパン
  (クーポン)

- □ **4 allergy** ▶ アラジー
  (アレルギー)

- □ **5 button** ▶ バ(トゥ)ン
  (ボタン)

- □ **6 tunnel** ▶ タノォ
  (トンネル)

- □ **7 bagel** ▶ ベイゴォ
  (ベーグル)

- □ **8 oven** ▶ アヴン
  (オーブン)

リスニングのポイント

カタカナ表記の外来語には、本来の英語の発音とは異なる語がたくさんあります。例えば、chocolateは「チョコレート」ではなく[チャカリッ(トゥ)]、couponは「クーポン」ではなく[キューパン]と聞こえます。

CD1 53

1 Do you like chocolate?

(チョコレート好きですか)

2 Read the instructions on the label.

(ラベルに書いてある指示[使用説明]を読みなさい)

3 Clip the coupons from the flier.

(チラシのクーポンを切り取って)

4 Do you have any food allergies?

(何か食べ物にアレルギーはありますか)

5 A button came off.

(ボタンが取れちゃった)

6 We will drive through the tunnel.

(トンネルを通って行きますよ)

7 I usually eat bagels in the morning.

(朝はたいていベーグルを食べます)

8 Just put it in the oven.

(ただオーブンに入れればいいですよ)

基礎編

UNIT 53 外来語② tip

カタカナ英語そのままに発音をすると英語では全然違う意味になりかねません。正しく聞き取れるようになりましょう。

- □ 1 **tip** ▶ ティッ(プ)
  (チップ)

- □ 2 **team** ▶ ティーム
  (チーム)

- □ 3 **ticket** ▶ ティケッ(トゥ)
  (チケット)

- □ 4 **tuning** ▶ テューニン
  (チューニング)

- □ 5 **tulip** ▶ テューリッ(プ)
  (チューリップ)

- □ 6 **steel** ▶ スティーォ
  (スチール)

- □ 7 **plastic** ▶ プラスティック
  (プラスチック)

- □ 8 **romantic** ▶ ロマンティック
  (ロマンチック)

リスニングのポイント

日本語で「チ」「チュ」と発音する外来語の音が、本来英語ではそれぞれ「ティ」「テュ」と聞こえるものがあります。例えば、サービス料の「チップ」は英語では[ティップ](tip)と発音されます。ポテトチップスの「チップ」は[チップ](chip)です。

CD1 54

1 Leave the waiter a tip.
(ウエイターにチップを置きなさい)

2 Which team are you rooting for?
(どっちのチームを応援しているの)

3 I bought a ticket for the concert.
(コンサートのチケットを買いました)

4 He was tuning up his guitar.
(彼はギターのチューニングをしていました)

5 There are a lot of tulips in the park.
(公園にはたくさんのチューリップがあります)

6 This frame is made of steel.
(このフレームはスチールでできています)

7 Don't throw away those plastic forks.
(それらのプラスチック製のフォークを捨てないでください)

8 That's a romantic story.
(それはロマンチックな話ですね)

基礎編

UNIT 54 外来語③ tour

カタカナ英語は、身近な単語ですから、正しい音を知っておくと旅行などで役に立ちます。日本語には元来「トゥ」という音はありませんので、「ツ」で置き換えるわけです。

- □ 1 **tour** ▶ **ト**ゥアー
  (ツアー)

- □ 2 **tourism** ▶ **ト**ゥァリズム
  (ツーリズム)

- □ 3 **touring** ▶ **ト**ゥァリン
  (ツーリング)

- □ 4 **Twitter** ▶ トゥ**ウィ**ラー
  (ツイッター)

- □ 5 **tool** ▶ **ト**ゥーォ
  (ツール)

- □ 6 **twin** ▶ トゥ**ウィ**ン
  (ツイン)

- □ 7 **tuna** ▶ **ト**ゥーナ
  (ツナ)

- □ 8 **Christmas tree** ▶ ク**リ**スマストゥリー
  (クリスマスツリー)

リスニングのポイント

日本語で「ツ」と発音する外来語の音が、英語では[トゥ]と聞こえます。例えば、「ツアー」「ツイッター」「ツイン」は、英語ではそれぞれ[トゥアー][トゥイラー][トゥウィン]のように聞こえます。

CD1 55

1 I joined a package tour.
（パックツアーに参加しました）

2 Emily studies Tourism.
（エミリーはツーリズム[観光産業]を学んでいます）

3 I love touring by bicycle.
（自転車でツーリングするのが大好きです）

4 Do you use Twitter?
（ツイッターやってますか）

5 Email is a useful tool of communication.
（Eメールは便利なコミュニケーションツールです）

6 Can I have a room with twin beds?
（ツインの部屋をお願いします）

7 I'll have a tuna fish sandwich to go.
（ツナサンドイッチを持ち帰りでお願いします）

8 We bought a big Christmas tree.
（大きなクリスマスツリーを買いました）

基礎編

リスニング大特訓
★
知っ得！納得！ 2

単語数が増えても、発音される長さは変わらない？

　英語と日本語の発音の大きな違いのひとつにリズムがあります。例えば、shopping listは日本語では「ショ・ッ・ピ・ン・グ・リ・ス・ト」となります。しかし、英語の場合、[**シャッピン**リス[トゥ]]と語頭にアクセントを置いて、あとは一気に滑らかに発音されますので、全てがつながって聞こえてしまうのです。

　それに加えて、英語は文章の中に単語が増えていっても、大切な単語を強く、そこまで大切ではない単語は比較的弱く、または、短縮して発音しますので、文章全体が発音される時間がほぼ同じになります。

（日本語）　●●●●●●●●●　＊すべて等間隔に区切られています。
（英語）　　●●●●　●●●●●　●●　＊強弱があります。

　例えば、Children like cookies.と発音するときと、The children may like these cookies.と発音するときでは、それぞれ重要な赤字の単語を強く発音しますので、発音するのにかかる時間はそれほど変わりません。さらに、The children may like all these cookies.と長くなっても同じです。

> Children　　like　　　　　　cookies.
> The children may like these　　cookies.
> The children may like all these cookies.

　音楽で1小節に歌詞や音符がたくさん入っても、曲自体の長さは変わらないのと同じです。日本語の「音節のリズム」から離れ、英語の「強勢のリズム」に慣れていくことが、英語のリスニング上達のコツのひとつです。

第3章

日常会話

実践編では、シーン別によく使う表現で
耳を慣らしていきましょう。
今までなんとなく聞き流していた言葉が
しっかり聞こえるようになります。

CD2 2 ▶▶ CD2 13

例文／英語 ▶▶ 日本語訳 ▶▶ 例文／英語 ▶▶ リピートポーズ

UNIT 55 出会いのあいさつ

人と友達になれるせっかくのチャンスは逃したくありませんし、初めの挨拶が聞き取れなければ会話もはずみません。耳をしっかり慣らしていきましょう。

- □ **1** Nice to meet you.

- □ **2** How's everything?

- □ **3** How's it going?

- □ **4** Pretty good.

- □ **5** What's up?

- □ **6** Not much.

- □ **7** It's been a long time.

- □ **8** Good to see you again.

リスニングのポイント

リスニングは単語ごとに分けず、ひとつながりだと捉えましょう。例えば、How's everything?は[ハウゼヴリティン]、How's itは[ハウズィッ]、been aは[ビーナ]と聞こえます。

CD2 / 2

1 はじめまして。
【こう聞こえる】 meetとyouがつながり[ミーチュー]と聞こえます。

2 元気ですか。
【こう聞こえる】 How'sとeverythingがつながり[ハウゼヴリティン]と聞こえます。

3 調子はどう?
【こう聞こえる】 How'sとitがつながり、itのtは小さな「ッ」のようにつまった音になります。

4 まあまあだよ。
【こう聞こえる】 prettyのtはd音や[リ]のように発音されます。時には[pre]しか聞こえず[プリグーッ]となります。

5 変わりない?
【こう聞こえる】 What'sとupがつながり、[ワッツァッ]に聞こえます。

6 まあね。
【こう聞こえる】 notのtは小さな「ッ」のようにつまった音になります。

7 久しぶりですね。
【こう聞こえる】 It'sはIt hasの短縮形。beenとaは[beena]とつながります。

8 また会えてうれしいです。
【こう聞こえる】 Goodとtoがつながり、[グットゥ]と聞こえます。

実践編

UNIT 56 別れのあいさつ

次につながる別れのあいさつをしたいものです。別れ際に「Have a nice day!」と言われて「You, too.」なんて返せたらとてもスマートです。

☐ **1** Have a good day.

☐ **2** Have a nice weekend.

☐ **3** I'll see you next week.

☐ **4** See you around. ※パーティーの途中などで言う

☐ **5** Let's get together again soon.

☐ **6** Catch you later.

☐ **7** Take care.

☐ **8** Take it easy.

リスニングのポイント

I willはよくI'llと短縮します。I'll see はI seeと違い[アイォスィー]と[アイ]の後に軽く[ォ]と聞こえます。また、weekendやaroundの最後のd音はほとんど聞こえなくなります。

CD2 3

1	いい1日をお過ごしください。	【こう聞こえる】 Have aは[hava]となり、goodのdは小さな「ッ」のようなつまった音になり[グッデイ]と聞こえます。
2	いい週末を。	【こう聞こえる】 weekendは[ウィーケン(ドゥ)]に聞こえます。
3	来週会いましょう。	【こう聞こえる】 I'llのl音は舌先を上の歯の裏側に付けるだけですので[ル]というよりも[オ]に近く聞こえます。nextのt音は消えてしまいます。
4	またあとで。	【こう聞こえる】 aroundのdはほとんど聞こえません。
5	またそのうち一緒にどこか行きましょう。	【こう聞こえる】 getとtogetherはt音同士がつながり、getのt音が小さな「ッ」のようになります。
6	じゃ、またあとで。	【こう聞こえる】 Catchとyouがつながり[catchu]と聞こえます。
7	気をつけて。	【こう聞こえる】 takeの最後のk音とcareの最初のk音がつながり、[テイッケァ]と聞こえます。
8	無理しないようにね。	【こう聞こえる】 3語がつながり[テイキリーズィー]と聞こえます。

実践編

UNIT 57 日常の一言①

さりげない一言が聞き取れるようになってくると英会話も楽しくなります。

- □ **1** Got it.

- □ **2** Watch out!

- □ **3** Come on in.

- □ **4** Cut it out.

- □ **5** Wait a second.

- □ **6** I mean it.

- □ **7** Give me five!

- □ **8** Bless you. ※相手がくしゃみをした後で言う

リスニングのポイント

日常の一言は2語や3語ですばやく発音されます。例えばCut it out.は[カットイット アウト]ではなく、[カリラウッ]となります。また、wait aが[ウェイラ]となるように、tが「ラ行」の音のように聞こえるのにも注意です。

CD2 4

1 了解。

【こう聞こえる】 gotとitがつながり[ガーリッ]と聞こえます。

2 危ない！

【こう聞こえる】 watchとoutがつながり[ワッチャウ(トゥ)]のように聞こえます。

3 どうぞお入りください。

【こう聞こえる】 3語ともつながり、[カモニーン]のように聞こえます。

4 やめてよ。

【こう聞こえる】 全体が[cutitout]とつながり[カリラウッ(トゥ)]のように発音されます。

5 ちょっと待って。

【こう聞こえる】 Waitとaがつながり[ウェイラセケン(ドゥ)]と聞こえます。

6 本気よ。

【こう聞こえる】 meanとitがつながり[アイミーニッ(トゥ)]と聞こえます。

7 やったじゃない！

【こう聞こえる】 giveとmeがつながり[ギミファーイ(ヴ)]と聞こえます。

8 お大事に。

【こう聞こえる】 [bleshu]とつながり、[ブレッシュー]と聞こえます。

実践編

UNIT 58 日常の一言②

耳が慣れてきたら、声に出して言ってみましょう。CDはフルに活用してください。

- [ ] **1** Put it away.

- [ ] **2** Pick it up.

- [ ] **3** What about it?

- [ ] **4** Here it is.　※物を差し出すときに

- [ ] **5** Let him in.　※部屋に入れてあげるときに

- [ ] **6** Is that all?

- [ ] **7** Dig in.

- [ ] **8** Might as well.

リスニングのポイント

tの音の変化を聞き取りましょう。What about it?、it away、it up、it is、let him、that all、might asのtは、いずれも「ラ行」の音のように聞こえます。

CD2 5

1 それを片付けなさい。
【こう聞こえる】 3語ともつながり、putとitのtは両方ともd音やラ行の音のようになり、[pudidaway]や[プリラウェイ]と聞こえます。

2 それを拾いなさい。
【こう聞こえる】 3語ともつながり[ピッキラッ(プ)]と発音されます。

3 それがどうしたの?
【こう聞こえる】 3語ともつながり[ワラバウリッ(トゥ)]と聞こえます。

4 はい、どうぞ。
【こう聞こえる】 3語ともつながり[ヒアイリーズ]と聞こえます。

5 彼を通しなさい。
【こう聞こえる】 himのhは消え、[レリミーン]と聞こえます。

6 それで全部ですか?
【こう聞こえる】 thatの後ろのtはd音や[ロ]のように発音され[イズダロォ]と聞こえます。

7 食べて。
【こう聞こえる】 digとinをつないで[ディギーン]と発音されます。

8 せっかくだからそうしよう。
【こう聞こえる】 mightとasがつながり[マイラズウェォ]と聞こえます。

実践編

UNIT 59 日常の一言③

単純に見える一言も音声で聞くと、思わず「え?」と思ってしまうこともあるかもしれません。でも、大丈夫です。すべては「慣れ」です。

- □ **1 All set!**

- □ **2 Watch your step.**

- □ **3 You name it.**

- □ **4 It depends.**

- □ **5 Just about.**

- □ **6 Good old days.**

- □ **7 What a shame!**

- □ **8 Not really.**

リスニングのポイント

All set!、name it、Just about.、about itの最後のtはいずれも小さな「ッ」のように少しつまった音のように感じられ、実際はほとんど聞こえません。

CD2 6

1 できた！

【こう聞こえる】 allは[オール]とは聞こえません。lの音は[オ]に近く聞こえるか、ほとんど消えてsetにつながり[オーセッ(トゥ)]と聞こえます。

2 足もとに気をつけて。

【こう聞こえる】 watchとyourがつながり、[ワッチュァステッ(プ)]と聞こえます。

3 あなたが決めて。

【こう聞こえる】 nameとitがつながり[ユーネイミッ(トゥ)]と聞こえます。

4 場合によるよ。

【こう聞こえる】 itのtは小さな「ッ」のようになり[イッディペンズ]と聞こえます。

5 ほとんどね。

【こう聞こえる】 justとaboutはつながり、aboutのtは小さな「ッ」のようになります。[ジャスタバウッ(トゥ)]と聞こえます。

6 なつかしいね。

【こう聞こえる】 goodとoldとdaysがそれぞれつながり、[グドウデイズ]のように聞こえます。

7 それは残念だ！

【こう聞こえる】 whatとaがつながり[ワラシェイム]と聞こえます。

8 それほどでもないです。

【こう聞こえる】 notのtは小さな「ッ」のようになり[ナッ]と聞こえます。

実践編

UNIT 60

天気

出会ったばかりの人との会話に天気の話題は欠かせません。会話を始めるきっかけになりますのでしっかり耳トレをしましょう。

- [ ] **1** It's getting cold.

- [ ] **2** Good thing it didn't rain.

- [ ] **3** What a beautiful day!

- [ ] **4** It's been so humid lately.

- [ ] **5** What is the weather like in your country?

- [ ] **6** It's so hot, isn't it?

- [ ] **7** I hate this kind of weather.

- [ ] **8** It's supposed to snow tonight.

リスニングのポイント

短縮形の音の変化に注意しましょう。didn'tのtは消えてしまいます。isn't itは isn'tのt が「ナ行」の音になり、itのtは消え、[イズニッ]と聞こえます。

CD2 7

1	だんだん寒くなってきています。	【こう聞こえる】 It'sはIt isの短縮形。gettingのtはd音や[リ]の音に聞こえます。
2	雨が降らなくてよかった。	【こう聞こえる】 goodのdとitのtは小さな「ッ」のようになりdidn'tのtは消えます。
3	なんといい天気なのでしょう！	【こう聞こえる】 what aは[ワラ]、beautifulのtはd音や[リ]のように発音されます。
4	最近とてもジメジメしています。	【こう聞こえる】 It'sはIt hasの短縮形。latelyのtは小さな「ッ」のようになります。
5	あなたの国では天気はどんな感じですか。	【こう聞こえる】 what isはwhat'sと短縮され、like in yourは[ライキニュァ]と聞こえます。
6	本当に暑いですね。	【こう聞こえる】 isn'tのtは消え[イズニッ]と聞こえます。
7	このような天気は大嫌いです。	【こう聞こえる】 hateのtは「ッ」のようになりkind ofは[カイナ]と聞こえます。
8	今夜は雪が降るらしいですよ。	【こう聞こえる】 supposedのdは「ッ」のようになり[サポゥスットゥ]と聞こえます。

実践編

UNIT 61 冠婚葬祭

自分が幸せな時、つらい時に声をかけてくれた人に対して何と言っているかわからないのでは少し残念です。自分でも言えるようになるとさらにいいですね。

- 1 I'm getting married next month.
- 2 Congratulations on your marriage.
- 3 When is the big day?　※big day = 結婚式の日
- 4 I hope you'll have a happy married life.
- 5 Please accept my condolences.
- 6 His uncle passed away last night.
- 7 Are you going to attend the wake?
- 8 The funeral will be held at two.

リスニングのポイント

nextやlastがnext monthやlast nightのように子音で始まる単語が後ろに続く場合は、それぞれ最後のtが消え[nex_month][ネクスマンス]、[las_night][ラースナイッ]と聞こえます。

CD2 / 8

1	来月結婚します。	【こう聞こえる】 gettingのttはd音または[リ]のように聞こえ、nextのtは消えてしまいます。
2	ご結婚おめでとうございます。	【こう聞こえる】 on yourは[オニュァ]とつながって聞こえます。
3	結婚式はいつですか。	【こう聞こえる】 bigとdayがつながるため、bigのgが消えがちになります。
4	幸せな結婚生活をお送りください。	【こう聞こえる】 you'llはyou willの短縮形。marriedのdはほとんど聞こえません。
5	心からお悔やみ申し上げます。	【こう聞こえる】 acceptのtは消えてしまいます。
6	彼のおじさんが昨夜亡くなりました。	【こう聞こえる】 uncleは[アンコォ]、passed awayは[パスタウェイ]となり、lastのtは消えてしまいます。
7	お通夜には出席なさいますか。	【こう聞こえる】 going toは[gonna][ガナ]と聞こえ、attendのdは消えます。
8	告別式は2時からです。	【こう聞こえる】 atのtが小さな「ッ」のようになり[アットゥー]と聞こえます。

実践編

UNIT 62 年中行事

日本とアメリカではクリスマスやバレンタインデーの祝い方が違います。また、日本にはほとんど毎月祝日がありますが、アメリカの祝日は年間10日です。

1. I gave Mom some flowers on St. Valentine's Day.

2. These Easter eggs are made of chocolate.

3. Americans celebrate the Fourth of July with fireworks. ※アメリカの独立記念日は7月4日

4. Trick or treat! ※ハロウィンの夜に子供たちが言う

5. We eat turkey on Thanksgiving Day.

6. I wish you a Merry Christmas.

7. There is no such thing as a Christmas cake in America.

8. Happy New Year! ※「あけましておめでとう」にも使う

リスニングのポイント

ハロウィンの夜、子どもたちが近所の家々をねり歩きながらお菓子をねだる「トリック ア トリート」(Trick or treat.)。英語の実際の発音は[トゥリッカトゥリーッ]とつながります。

CD2 9

1	バレンタインデーにお母さんに花をあげたよ。	【こう聞こえる】 [flowerson]とつながり、St.のtは消えがちです。
2	これらのイースターのタマゴはチョコレートで作られているんだよ。	【こう聞こえる】 ofのfは消えがちです。chocolateは[チャカリッ]のように聞こえます。
3	アメリカ人は独立記念日を花火でお祝いします。	【こう聞こえる】 celebrateのtは小さな「ッ」のように聞こえます。
4	お菓子くれないと、いたずらするぞ。	【こう聞こえる】 [トゥリッカトゥリーッ]と聞こえます。trはすばやく発音されます。
5	感謝祭には七面鳥を食べます。	【こう聞こえる】 eatのtが小さな「ッ」のようにつまった音になります。
6	楽しいクリスマスをお過ごしください。	【こう聞こえる】 wish youが[wishu]とつながります。
7	アメリカにはクリスマスケーキなんてないよ。	【こう聞こえる】 there isはthere'sとなり、as aは[アザ]、in Americaは[イナメリカ]のように聞こえます。
8	よいお年を！	【こう聞こえる】 yearのyは舌の奥のほうを上の歯茎と摩擦させようとします。

実践編

UNIT 63 恋愛

恋人から気持ちを伝えられて、「え?」と聞き返すのは少しムードに欠けます。ここでしっかり耳を慣らしましょう。

☐ **1** I love you.

☐ **2** I miss you a lot.

☐ **3** Give me a kiss.

☐ **4** She is in love with him.

☐ **5** Will you marry me?

☐ **6** They finally broke up.

☐ **7** He means a lot to me.

☐ **8** He has a crush on you.　　※crush=片思い

リスニングのポイント

love you、miss you、will you、on youなど、子音の後ろにyouが続くときは、それぞれ[ヴュー]、[シュー]、[リュー]、[ニュー]のように小さな[ュ]が入るような音になります。

CD2 10

1 愛してるよ。

【こう聞こえる】 loveとyouがつながって[ラヴュー]と聞こえます。

2 あなたがいなくてとても寂しい。

【こう聞こえる】 missとyouがつながって[ミシュー]、a lotは[アラッ]と聞こえます。

3 キスして。

【こう聞こえる】 giveのvは消えがちで、give meは[ギミ]のように聞こえます。

4 彼女は彼に夢中だよ。

【こう聞こえる】 She isはShe'sとつながり、withとhimがくっついてhimのhは消えがちです。

5 結婚してもらえませんか。

【こう聞こえる】 Will youは[ウィリュー]とつないで発音されます。

6 2人はとうとう別れちゃった。

【こう聞こえる】 broke upは[brokup]となり、[ブロウカッ]のように聞こえます。

7 彼は私にとってとても大切な人なの。

【こう聞こえる】 means aは1語のようになり[ミーンザ]と聞こえます。lotのtは小さな「ッ」のようにつまった音になり次のtoにつながります。

8 彼は君に片思いだよ。

【こう聞こえる】 has aは[ハザ]、on youは[オニュー]とつながります。

実践編

UNIT 64 インターネット

仕事仲間や友達とのコミュニケーションツールとしてインターネットは必要不可欠です。固有名詞をそのまま動詞として使うことも多いです。

☐ **1** Can you email me tonight?

☐ **2** Text me anytime you want to.

☐ **3** I'm going to message you on Facebook.

☐ **4** Google it to get the info.

☐ **5** There is a lot of information on the Internet.

☐ **6** Why don't you Skype him?

☐ **7** I found that information on their website.

☐ **8** People post questions on Twitter.

リスニングのポイント

want toは［ワナ］、going toは［ガナ］と聞こえることがよくあります。ただし、これらが文末に来る場合は、［ワントゥ］、［ゴウイントゥ］となります。

CD2 11

1	今夜メールいただけませんか。	【こう聞こえる】 Can youは［キャニュー］、emailは［イーメイォ］と聞こえます。tonightの後ろのtはほとんど聞こえません。
2	都合のいい時に携帯にメールして。	【こう聞こえる】 textのtは聞こえません。want toは［ワナ］にはなりません。
3	フェイスブックにメッセージを送ります。	【こう聞こえる】 going to は［ガナ］、message youは［メッスィジュ］とつながります。
4	その情報はグーグルで探してみて。	【こう聞こえる】 itのtは小さな「ッ」のようになりgoogle itは［グーグリッ］と聞こえます。
5	インターネット上には情報がたくさんあります。	【こう聞こえる】 There isはThere's、a lot ofは［アラーラ（ヴ）］と聞こえます。
6	彼にスカイプしてみたら？	【こう聞こえる】 don't youは［ドンチュー］、himのhは消えがちで［スカイピム］と聞こえます。
7	その情報は彼らのウェブサイトで見つけました。	【こう聞こえる】 foundのd音は消えthatの後ろのtは［リ］に聞こえます。
8	人々はツイッターに質問を載せます。	【こう聞こえる】 postのtは消え、twitterのtはd音や［ラ］のような音になり［twidder］や［トゥウィラー］と聞こえます。

実践編

UNIT 65

病院・薬局

海外旅行などで急に体調が悪くなって薬局に行ったり、医者にかかったりしたときにあわてないですむように準備しておきましょう。

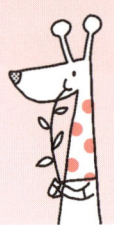

- [ ] 1 **What are** your symptoms?

- [ ] 2 I **have a little** fever.

- [ ] 3 I have a **sharp pain in my** back.

- [ ] 4 I **have an eight-thirty** appointment with the doctor.

- [ ] 5 **Take a** deep breath.

- [ ] 6 **Let me take your** blood pressure.

- [ ] 7 **I want some cold** medicine.

- [ ] 8 **Take it** three times a day after each meal.

リスニングのポイント

子音で終わる単語の後ろに母音で始まる単語が続くと、まるで一つの単語のように聞こえます。例えば、have a、take a は、それぞれ[ハヴァ]、[テイカ]と聞こえます。

CD2 12

1	どのような症状がありますか。	【こう聞こえる】 What と are がつながり[ワラ]と聞こえ、symptoms の p は消えがちです。
2	少し熱があります。	【こう聞こえる】 have と a がつながり[ハヴァ]、little は[リロォ]のように聞こえます。
3	腰にひどい痛みがあります。	【こう聞こえる】 sharp の p は小さな「ッ」になり pain に続きます。
4	8時半に予約を取ってあります。	【こう聞こえる】 have an eight- は[ハヴァネイッ]と聞こえます。eight の t は小さな「ッ」になり thirty に、with の th は次の the につながります。
5	深呼吸してください。	【こう聞こえる】 Take と a はつながり[テイカ]と聞こえます。
6	血圧を測りましょう。	【こう聞こえる】 Let me は[レッミー]、take your は[テイキュァ]と聞こえます。
7	風邪薬がほしいです。	【こう聞こえる】 want some はつながって[ウォンツァム]と聞こえ cold の d は小さな「ッ」のようになります。
8	1日3回食後に服用してください。	【こう聞こえる】 Take it は[テイキッ]、times a は[タイムザ]と聞こえます。

実践編

UNIT 66 趣味・余暇

自分の話をするときに一番話題に出しやすいのは趣味の話です。そこから共通の話題を見つけることもできます。

- □ **1** What are your hobbies?

- □ **2** I like traveling a lot.

- □ **3** I like basketball because it's fun.

- □ **4** Would you like to go to the concert next Sunday?

- □ **5** Do you want to play golf this weekend?

- □ **6** What is your favorite song?

- □ **7** What time is the next showing?

- □ **8** You need a change of pace sometimes.

リスニングのポイント

接続詞や前置詞の機能語は、小さく発音されることが多いので、一部が消えたり短く聞こえたりします。例えば、becauseは最初のbe、ofは後ろのfがほとんど聞こえなくなるときがあります。

CD2 13

1 あなたの趣味は何ですか。

【こう聞こえる】 Whatとareがつながり Whatのtがd音や[ラ]のように変化し、[wadar]や[ワラー]と聞こえます。

2 旅行がとても好きです。

【こう聞こえる】 trは1つの音のように聞こえます。lotのtは消えがちです。

3 バスケットボールは楽しいので好きです。

【こう聞こえる】 basketballのtはあまり聞こえません。becauseはcauseだけが聞こえることがあり、短く[cuz]と発音されます。

4 来週の日曜日にコンサートに行きませんか。

【こう聞こえる】 Would youは[ウッジュー]と聞こえます。nextのtは消えてしまいます。

5 週末にゴルフに行きませんか。

【こう聞こえる】 want toは[ワナ]と聞こえることがあります。

6 あなたの好きな歌は何ですか。

【こう聞こえる】 What isはWhat'sとなります。

7 次の上映は何時ですか？

【こう聞こえる】 Whatのtは小さな「ッ」になりtimeにつながります。

8 たまには気晴らしが必要です。

【こう聞こえる】 need aは[ニーダ]となり、ofのfは消えがちです。

実践編

リスニング大特訓 ★ 知っ得！納得！ ③

Costcoは「コストコ」とは言いません

　Costcoはアメリカの会員制の大型卸売販売店で、日本にも大々的に進出してきていますね。日本では「コストコ」なんて呼ばれ方をしていますが、英語ではそうは発音されません。

Costco

　Costcoのtが次のcの影響で発音されなくなります。ですから、[cosco]（[コスコウ]）と聞こえるのです。子音（aeiou以外）が連なっている場合、t音が発音されないことがしばしばあります。ですから、next busが[nexbus]、just goが[jusgo]のように聞こえるのです。

　また、チョコレートの商品名にKitKat（キットカット）がありますが、これも「キットカット」とは発音しません。

KitKat

　t音で終わる単語の次に子音で始まる単語（t音も含む）がくる場合は、初めのt音は日本語の小さな「ッ」のようにつまった音に変化します。ですから、KitKatは[kikkyat]（[キッキャッ]）のように発音されます。同様にhot dogは[ホットドッグ]ではなく[ハッダーグ]、part-timeは[パートタイム]ではなく[パーッタイム]のように聞こえるのです。

第4章

ビジネス

仕事上で英語のやりとりをするときは、
なんとなくわかるではどうにもならないときがあります。
聞きこぼしていた表現も今ならしっかり聞けるはずです。

CD2 14 ▶▶ CD2 24

例文／英語 ▶▶ 日本語訳 ▶▶ 例文／英語 ▶▶ リピートポーズ

UNIT 67 電話

相手の顔が見えない電話では、リスニング力に頼るしかありません。電話口での決まり文句はしっかりおさえましょう。

- ☐ **1** How may I help you?

- ☐ **2** Just a minute, please.

- ☐ **3** She is on another line.

- ☐ **4** Can I take a message?

- ☐ **5** Could you call me back in about ten minutes?

- ☐ **6** I'll get it.

- ☐ **7** I'm returning your call.

- ☐ **8** I'll get back to you as soon as possible.

リスニングのポイント

aで始まる単語が、直前の単語につながります。just aは[ジャスタ]、on aは[オンナ]、in aは[インナ]、as soon asは[ア(ズ)スーナズ]と聞こえます。

CD2 14

1	どんなご用件でしょうか。	【こう聞こえる】 helpとyouは[ヘォピュー]とつながります。
2	少々お待ちください。	【こう聞こえる】 Just aは[justa]となり、miniteのtは小さな「ッ」のようになりpleaseにつながります。
3	彼女はほかの電話に出ています。	【こう聞こえる】 She isはShe's、on anotherは[オナナダー]となります。
4	伝言をお預かりいたしましょうか。	【こう聞こえる】 Can Iは[キャナイ]、message(メッセージ)は[メッスィジ]と聞こえます。
5	10分ほどしてかけ直していただけませんでしょうか。	【こう聞こえる】 back in aboutはつながって[バッキナバウッ]と聞こえます。
6	私が(電話を)とります。	【こう聞こえる】 I'llは[アィォ]、get itはつながり[gedit]や[ゲリッ]と聞こえます。
7	折り返し電話を差し上げております。	【こう聞こえる】 returning yourは[リターニンギュア]のようにつながって聞こえます。
8	できるだけすぐかけ直します。	【こう聞こえる】 getのtは小さな「ッ」のようになり[ゲッバック]と聞こえます。

実践編

157

UNIT 68 同僚・上司と話す

仕事で英語を使う機会が増えてきている昨今では、同僚や上司がネイティブなんていうことも増えていくのではないでしょうか。そんな時に使えるフレーズです。

- 1 I'll be right back.

- 2 Let's take a break.

- 3 Could you give me a hand?

- 4 That's all there is to it.

- 5 Can I ask you a quick question?

- 6 Not to my knowledge.

- 7 I want to take a couple of days off work.

- 8 Let's play it by ear.

リスニングのポイント

give me は v 音が消えて[ギミ]に聞こえます。couple の l 音も聞こえなくなることがあり、a couple of はつながり of の f も消えがちなので、[アカポォ]と聞こえるときがあります。

CD2 15

1 すぐに戻ります。
【こう聞こえる】 right の t は小さな「ッ」のようになります。

2 休憩しよう。
【こう聞こえる】 take a はつながって[テイカ]のように発音されます。

3 手伝ってくれない？
【こう聞こえる】 Could you は[クッジュー]、give me は[ギミ]と聞こえます。

4 ただそれだけの話ですよ。
【こう聞こえる】 there is は[theriz]のようにつながって聞こえます。

5 ちょっとだけお聞きしたいことがあるのですが。
【こう聞こえる】 quick の ck は小さな「ッ」のようになります。

6 私の知る限りではそのようなことはありません。
【こう聞こえる】 Not to はつながり、[ナットゥ]のように聞こえます。

7 2日間ばかり休暇を取りたいです。
【こう聞こえる】 want to は[ワントゥ]または[ワナ]になり couple of の f は消えがちで[カポォ]と聞こえるときもあります。

8 臨機応変にやろう。
【こう聞こえる】 it の t は小さな「ッ」になり by につながります。

実践編

UNIT 69 接客

取引先がどの国であっても英語は活躍します。せっかくのビジネスチャンスを無駄にしないために何度も聞いて耳を慣らしていきましょう。

- [ ] **1** What can I help you with?

- [ ] **2** Do you have an appointment?

- [ ] **3** Please have a seat.

- [ ] **4** Would you mind waiting here?

- [ ] **5** He'll be right with you.

- [ ] **6** Right this way.

- [ ] **7** Thank you for waiting. ※人を待たせた時のお決まり表現

- [ ] **8** I've heard a lot about you.

リスニングのポイント

helpやhe'llのl音に注意しましょう。helpは[ヘルプ]ではなく[ヘォプ]、he'llは[ヒール]ではなく[ヒォ]のように聞こえます。発音する場合には、舌は上の歯の裏側に付けておきます。

CD2 16

1	どのようなご用件でしょうか。	【こう聞こえる】[ワッキャナイ]、[ヘォピュー]とつながって聞こえます。
2	お約束はしてありますでしょうか。	【こう聞こえる】[ハヴァナポインメン]とつながり、appointmentの2つのtはほとんど聞こえません。
3	どうぞお座りください。	【こう聞こえる】have aは[ハヴァ]と聞こえ、seatのtはあまり聞こえません。
4	こちらでお待ちいただけませんでしょうか。	【こう聞こえる】Would youは[ウッジュー]となり、mindのdはほとんど聞こえません。
5	彼はすぐに参ります。	【こう聞こえる】He'llはHe willの短縮形です。rightのtは小さな「ッ」のようになります。
6	どうぞこちらへ。	【こう聞こえる】ここでもrightのtはつまった音になります。
7	お待たせして申し訳ございません。	【こう聞こえる】waitingのgは消え、[ウェイリン]と聞こえます。
8	あなたのことはいろいろ伺っております。	【こう聞こえる】heard aは[ハーダ]、lot about youは[ラーラバウチュー]と聞こえます。

実践編

UNIT 70 商談

商談を成立させるために意思の疎通がしっかりできるよう、音声を聞くだけでなく続けて声に出して言ってみましょう。

- **1** Let's get down to the main business.

- **2** I'll meet you halfway.

- **3** When can I have your answer?

- **4** Could you give me about three days?

- **5** Let me think it over.

- **6** Let's talk about it over lunch.

- **7** Are the prices negotiable?
  ※「安くなりますか」という意味の間接表現

- **8** This is the best price we can offer.

リスニングのポイント

子音で終わる単語の後ろに子音で始まる単語が続くと、音が消えるものがあります。get downとabout threeは2語の間に小さな「ッ」のように少しつまってスペースがあるような感じです。best priceは[ベスプライス]と聞こえます。

CD2 17

1	本題に入りましょう。	【こう聞こえる】 get downは[ゲッダウン]と聞こえます。
2	この辺で折り合いをつけましょう。	【こう聞こえる】 I'llはI willの短縮形。meet youは[ミーチュー]と発音されます。
3	いつお返事をいただけますか。	【こう聞こえる】 have yourは[ハヴュア]とつながって聞こえます。
4	3日ほど待っていただけませんか。	【こう聞こえる】 [クッジューギミ]とつながり、aboutのtは小さな「ッ」になります。
5	よく考えさせてください。	【こう聞こえる】 Let meは[レッミー]、itのtはd音または[ロ]のように聞こえます。
6	その件については昼食をとりながらお話しましょう。	【こう聞こえる】 talk about itは[トーカバウリッ]と聞こえます。
7	価格は交渉可能ですか。	【こう聞こえる】 negotiableのbleは[ブル]ではなく[ボォ]のように聞こえます。
8	これが私たちが提案できる最善の価格です。	【こう聞こえる】 ｂｅｓｔのt音は消えてpriceにつながります。

実践編

UNIT 71 プレゼンテーション

プレゼンテーションは、自社の商品や自分のアイディアを売り込むチャンスです。自信をもって挑めるように聞く練習も話す練習もしましょう。

- [ ] 1 Today, I'm going to talk about our new product.

- [ ] 2 Please take a look at the handout.

- [ ] 3 I'd appreciate any advice you can give me.

- [ ] 4 I have a couple of questions.

- [ ] 5 That's a good question.
  ※すぐに答えられない時に使う表現

- [ ] 6 That's about it.

- [ ] 7 Thank you for your kind attention.

- [ ] 8 Let's give him a big hand.

リスニングのポイント

that's aはつながって[that'sa]となり、t'saの部分が[ツァ]と聞こえます。at theやgood questionでは、atのt、goodのdは小さな「ッ」のようになり、それぞれtheとquestionにつながります。

CD2 18

1	今日は弊社の新しい製品についてお話いたします。	【こう聞こえる】 going toは[ガナ]、talk aboutは[トーカバウッ]と聞こえます。
2	お手元の資料をご覧ください。	【こう聞こえる】 take aは[テイカ]となり、atとhandoutのtは小さな「ッ」となります。
3	どのようなアドバイスでも結構ですので、よろしくお願いいたします。	【こう聞こえる】 I'dはI wouldの短縮形。give meは[ギミ]と聞こえます。
4	2、3質問がございます。	【こう聞こえる】 couple ofはつながり、f音は消え[カポォ]と聞こえます。
5	それは即答できない難しい質問ですね。	【こう聞こえる】 goodのdは小さな「ッ」のようになり[グッ]と聞こえます。
6	大体以上です。	【こう聞こえる】 about itは[アバウリッ]と聞こえます。
7	ご清聴ありがとうございました。	【こう聞こえる】 kindとattentionがつながり、[カインダテンシュン]と聞こえます。
8	発表者に大きな拍手をお願いします。	【こう聞こえる】 himのhはほとんど聞こえずgive him aは[ギヴィマ]と発音されます。

実践編

UNIT 72 ディスカッション

同意するか同意しないかの意思表示や相槌を打つなど、ディスカッションでは様々な英語力が試されます。

- **1** I totally agree with you.

- **2** You have a point there.

- **3** I guess you are right.

- **4** Don't get me wrong.

- **5** That's not what I'm talking about.

- **6** I didn't quite get it.

- **7** That's not the issue here.

- **8** We don't have much time left.

リスニングのポイント

消えるt、変化するtを聞き取りましょう。don'tやdidn'tのtは消えて次の単語につながります。what I'mのwhatやget itのgetのtは[ワライム]、[ゲリッ]のように日本語のラ行の音に聞こえます。

CD2 19

1 あなたに全く賛成です。
【こう聞こえる】 totallyの2つ目のt音ははっきり聞こえません。

2 それは一理ありますね。
【こう聞こえる】 pointのt音は小さな「ッ」になりthereにつながります。

3 その通りだと思います。
【こう聞こえる】 guess you areがつながり[ゲシュア]のように聞こえます。

4 誤解しないでください。
【こう聞こえる】 Don'tのtは消え、getのtは小さな「ッ」になりmeにつながります。

5 そういうことを言っているのではありません。
【こう聞こえる】 what I'mはつながり、[ワライム]と聞こえます。

6 よくわかりませんでした。
【こう聞こえる】 didn'tのtは消え、get itは[ゲリッ]と聞こえます。

7 それは論点ではありません。
【こう聞こえる】 notのtは小さな「ッ」のように発音されます。

8 あまり時間がありません。
【こう聞こえる】 don'tのt音やhaveのv音はほとんど聞こえません。

実践編

UNIT 73 お礼を言う

一口にお礼といっても、たくさんの言い回しがあります。「Thank you.」だけでなく、TPOに合わせて粋に使いこなしましょう。

- □ **1** Thank you for your kindness.

- □ **2** I appreciate it.

- □ **3** Thanks a lot.

- □ **4** Don't mention it.

- □ **5** That's very kind of you.

- □ **6** Not at all.

- □ **7** I can't thank you enough.

- □ **8** You've been a great help.

リスニングのポイント

つながる音を聞き取りましょう。appreciate itは[アプリーシエイリッ]、Don't mention it.は[ドウンメンシュニッ]、kind of youは[カインダヴュー]とつながります。

CD2 20

1　ご親切にありがとうございます。

【こう聞こえる】 Thankとyouはつながり、kindnessのdは消えてしまいます。

2　感謝いたします。

【こう聞こえる】 appreciateとitがつながり[アプリーシエイリッ]と聞こえます。

3　どうもありがとう。

【こう聞こえる】 3語ともつながり、a lotは[アラッ]と聞こえます。

4　どういたしまして。

【こう聞こえる】 3語ともつながり[ドウンメンシュニッ]と聞こえます。

5　どうもご親切に。

【こう聞こえる】 kind of youがつながり[カインダヴュー]と発音されます。

6　いいえ、いいんですよ。

【こう聞こえる】 3語ともつながって[ナーラロォ]のように聞こえます。

7　何度お礼を言っても足りないくらいです。

【こう聞こえる】 can'tのt音は消えがちですが、canよりも少し長く強く発音されます。

8　いつも本当に助かります。

【こう聞こえる】 You'veはYou haveの短縮形。You've been aは[ユッ(ヴ)ビナ]と聞こえます。

実践編

UNIT 74 謝る

謝ったり誤解が生じた場合に、悪意がなかったことを伝えたり、また、逆に謝罪の意を受け取る場合も聞き取りができなければ相手の気持ちは理解できませんよね。

- [ ] **1** I'm sorry about that.

- [ ] **2** Forgive me.

- [ ] **3** I didn't mean it.

- [ ] **4** Will you excuse me for a moment?
  ※短時間その場を離れるとき

- [ ] **5** I made a mistake.

- [ ] **6** It won't happen again.

- [ ] **7** It could be my fault.

- [ ] **8** I should have done it earlier.

リスニングのポイント

発音のリズムを日本語から英語にシフトしましょう。例えば、should have done it は一語ずつ等間隔で発音はされません。[シュドゥヴダニッ]と done が強く、残りは小さく短く聞こえます。

CD2 21

1	それについては申し訳ありません。	【こう聞こえる】 about と that の最後の t は小さな「ッ」のようにつまった音に聞こえます。
2	お許しください。	【こう聞こえる】 give me と同じように [フォギミ] と発音されます。
3	そんなつもりではありませんでした。	【こう聞こえる】 didn't の t は消え、mean it は [ミーニッ] となり it の t は小さな「ッ」のようになります。
4	ちょっとすみません。	【こう聞こえる】 Will you は [ウィリュー]、for a は [フォラ] とつながります。
5	私が間違いました。	【こう聞こえる】 made a はつながり [メイダ] と発音されます。
6	2度と起こらないように注意します。	【こう聞こえる】 happen again は [ハプナゲン] とつながります。
7	私の責任かもしれません。	【こう聞こえる】 could の d が小さな「ッ」のようになり [クッビ] と聞こえます。
8	もっと早くやっておくべきでした。	【こう聞こえる】 should have は should've [シュドゥヴ] となり、done it はつながり [ダニッ] と聞こえます。

実践編

UNIT 75 励ます

友達から励ましの言葉を受けているのもわからず、くよくよするなんてことはしたくありません。また、こちらからもとっさにこんな一言が言えると素敵です。

- **1** Good luck.

- **2** Keep it up.

- **3** Give it a try.

- **4** Don't worry about it.

- **5** Hang in there!

- **6** Good for you.

- **7** You are almost there.

- **8** You should do your best.

リスニングのポイント

t音が日本語のラ行の音のように変化するときがあります。it upは[イラッ(プ)]、it aは[イラ]、about itは[アバウリッ(トゥ)]のように聞こえます。

CD2 22

1 頑張ってください。		【こう聞こえる】 goodのdは小さな「ッ」のようになり[グッラック]と聞こえます。
2 その調子です。		【こう聞こえる】 3語がつながり[キーピラッ(プ)]と聞こえます。
3 やってみてください。		【こう聞こえる】 give it aは[ギヴィラ]と聞こえます。tryのtrはすばやく発音されます。
4 心配しないでください。		【こう聞こえる】 Don'tのtは消え、about itは[アバウリッ]と聞こえます。
5 あきらめないでください！		【こう聞こえる】 hangとinがつながり[ハンギン]と聞こえます。thereのth音は直前のnに引かれて鼻にかかった音に聞こえます。
6 よくやりましたね。		【こう聞こえる】 goodのdは小さな「ッ」のようなつまった音になり[グッファユー]のように聞こえます。
7 もう一息です。		【こう聞こえる】 You areはつながりYou'reとなり、almostのtは消えてしまいます。
8 ベストを尽くしましょう。		【こう聞こえる】 shouldのdは小さな「ッ」のようなつまった音になり[シュッドゥー]のように聞こえます。

実践編

UNIT 76 付き合い・飲み会

飲み会は交流を深める大チャンスです。何を言われるかドキドキせずに楽しい時間を過ごすために耳慣らしをしましょう。

- □ **1** How about a drink?

- □ **2** Bottoms up!

- □ **3** How about another round?

- □ **4** It's on me.

- □ **5** Let's split the bill.

- □ **6** I'll put it on my company.

- □ **7** I got drunk last night.

- □ **8** If you drink, don't drive.

リスニングのポイント

bottomはカタカナではよく「ボトム」と表記しますが、本来の英語の発音は[バーラム]に近いと言えます。about aは[アバウラ]、put it onは[プリローン]など、tがラ行の音のように変化することが多いことを意識しておきましょう。

CD2 23

1 1杯どうですか。

【こう聞こえる】 about aは[アバウラ]と聞こえます。

2 グッといきましょう！

【こう聞こえる】 tがd音や[ラ]のように発音されます。2語がつながり[バーラムザッ(プ)]と聞こえます。

3 もう1杯いかがですか。

【こう聞こえる】 about anotherがつながりtがd音や[ラ]の音に聞こえます。

4 私のおごりです。

【こう聞こえる】 It's onがつながり[イッツォン]と聞こえます。

5 割り勘にしましょう。

【こう聞こえる】 splitのtは小さな「ッ」のようになりtheにつながります。

6 会社の経費で落とします。

【こう聞こえる】 I'llはI willの短縮形。put it onはつながって[プリローン]と聞こえます。

7 夕べは酔ってしまいました。

【こう聞こえる】 gotのtは小さな「ッ」になり、lastのtは消えてしまいます。

8 飲んだら乗るな。

【こう聞こえる】 If youは[イフュー]とつながり、don'tのtは消えてしまいます。drinkとdriveのdrはすばやく一緒に発音します。

実践編

UNIT 77 就職・転職

就活では、英語で面接や討論がある会社も少なくありません。相手の質問に的確に反応するためのリスニングの力は就職・転職でも大きなカギとなります。

- □ **1** I've been job-hunting for six months.

- □ **2** I'm working part-time now.

- □ **3** I want to get a new job.

- □ **4** I've got to write my resume in English.

- □ **5** I'm going to quit my job next month.

- □ **6** I'm thinking of changing jobs.

- □ **7** I have an interview next Thursday.

- □ **8** I'm going to apply for a job with a trading company.

リスニングのポイント

want to、going to、got toの音の変化に慣れましょう。それぞれ[ワナ]、[ガナ]、[ガラ] (または[ガダ]) に聞こえます。自分でも英会話の中で言えるようにしておくことが、リスニング力の向上につながります。

CD2 24

1 6カ月間就活しています。
【こう聞こえる】 I've been は[アイッ(ヴ)ビン]と発音されます。

2 現在パートで働いています。
【こう聞こえる】 partのtは小さな「ッ」のようになり[パーッタイム]と聞こえます。

3 新しい仕事がほしいです。
【こう聞こえる】 want toは[ワントゥ]または[ワナ]、get aは[ゲラ]と聞こえます。

4 英語で履歴書を書かなければなりません。
【こう聞こえる】 got toは[ガラ]、in Englishは[イニングリッシュ]とつながります。

5 来月仕事をやめます。
【こう聞こえる】 going toは[ガナ]、quitのtは小さな「ッ」のようになりnextのtは消えてしまいます。

6 転職を考えています。
【こう聞こえる】 thinking ofはつながりchangingは[チェインジン]と聞こえます。

7 今度の木曜日に面接があります。
【こう聞こえる】 have an interviewは[ハヴァニナヴュー]とつながり、nextのtは消えてしまいます。

8 貿易会社に職を求めるつもりです。
【こう聞こえる】 going toは[ガナ]と聞こえ、with aは[witha]とつながります。

実践編

リスニング大特訓
★
知っ得！納得！ ❹

韓国車Hyundai（ヒュンダイ）、英語では？

　最近アメリカの自動車販売台数で高い伸び率を見せている韓国車のヒュンダイ。アメリカ国内で価格と性能で人気を保つ日本車もかなり押されぎみです。そんなアメリカでHyundaiを［ヒュンダイ］と発音しても全く通じません。それは、英語では［ハンデイ］と発音されるからです。他にも、アメリカと日本で呼ばれ方が異なるものがあります。

　例えば、日本車のマツダは［マーズダ］と発音します。社名も英語ではMazdaと表記します。さらに、トヨタは［トヨウラ］とか［トヨウダ］のように聞こえます。それは、Toyotaは英語ではyoにアクセントを置いて発音しているために、taは軽い発音になりt音が日本語のラ行の［ラ］やd音に変わってしまうのです。

　日本語で聞き慣れている固有名詞が、英語で違う発音をされると、最初は聞き取りも大変ですね。でも一度音をつかんでしまえば、脳と耳と口はすぐに受け入れてくれます。

★ その他の例
秋田（あきた）→［アキィラ］、［アキィダ］
IKEA（イケア）→［アイキィア］
GODIVA（ゴディバ）→［ゴダイヴァ］
Nikon（ニコン）→［ナイコーン］

第5章

海外旅行

せっかくの楽しい旅行も、言葉の壁のせいで台無し…
なんてことは避けたいものです。
旅行先で使われるフレーズをたくさん盛り込みましたので
しっかり耳トレをしましょう！

CD2 25 ▶▶ CD2 35

例文／英語 ▶▶ 日本語訳 ▶▶ 例文／英語 ▶▶ リピートポーズ

UNIT 78 飛行機内で

旅行のときは、自分の意思を伝えることが多いだけなく、英語で話しかけられることもしばしばです。まず第一歩は飛行機の中です。

☐ **1** Can I have a blanket?

☐ **2** Could I have something cold to drink?

☐ **3** Would it be all right to change my seat?

☐ **4** Fasten your seat belt tight and low.

☐ **5** Make sure your cell phone is switched off.

☐ **6** Smoking is strictly prohibited on this flight.

☐ **7** We'll be landing in about thirty minutes.

☐ **8** Excuse me, but I need to go to the restroom. ※隣の席の人に対して

リスニングのポイント

strictlyやrestroomなどstrが含まれる単語の場合、strという子音の連なりがすばやく発音されますので、1つの子音として捉えて聞き取るのがポイントです。

CD2 25

1	毛布をいただけますか。	【こう聞こえる】 Can Iとhave aはそれぞれ[キャナイ]、[ハヴァ]と聞こえます。
2	何か冷たい飲み物をくださいませんか。	【こう聞こえる】 coldのdは小さな「ッ」のようになりtoにつながります。
3	座席をかわってもいいですか。	【こう聞こえる】 Would itは[ウディッ]とつながり、itのtは小さな「ッ」になります。
4	シートベルトを腰の低い位置でしっかりとお締めください。	【こう聞こえる】 fastenのtは発音せず、seat beltは[スィーッベォッ]と聞こえます。andのdは消えがちです。
5	携帯電話の電源が切ってあるかお確かめください。	【こう聞こえる】 switched offは[スウィッチトーフ]とつながって聞こえます。
6	機内での喫煙は固く禁じられております。	【こう聞こえる】 strictlyのstrはすばやく発音され、prohibitedは[プロヒビリッ]と聞こえます。
7	あと約30分で着陸いたします。	【こう聞こえる】 in aboutは[イナバウッ]、thirtyのtyは[リー]と聞こえます。
8	すみません、トイレに行きたいのですが。	【こう聞こえる】 need toは[ニーットゥ]、restroomのstrはすばやく聞こえます。

実践編

UNIT 79

空港で

現地の空港での入国審査は落ちついて対応すれば大丈夫です。また、チェックインをする際も緊張せずわからないことは尋ねましょう。

- 1 May I see your ticket?

- 2 Is the flight on schedule?

- 3 I'd prefer an aisle seat.

- 4 Your flight will be departing from Gate 10.

- 5 What's the purpose of your trip?

- 6 How long are you going to stay?

- 7 Can you open up your suitcase?

- 8 Where do I get the shuttle bus?

リスニングのポイント

your ticket、your flight、your trip、your suitcaseのyourは軽く[ュァ]と聞こえます。Gate 10やsuitcaseのtは[ゲイッテン]、[スーッケイス]のように小さな「ッ」のようになりがちです。

CD2 26

1	航空券を見せていただけますか。	【こう聞こえる】 ticketは「チケット」ではなく[ティケッ]と聞こえます。
2	飛行機（の出発・到着）は予定通りですか。	【こう聞こえる】 flight onがつながり[フライロン]のように聞こえます。
3	通路側の席がいいのですが。	【こう聞こえる】 an aisleは[アナイォ]と1つの単語のように聞こえます。
4	あなたの飛行機は搭乗口10番から出発します。	【こう聞こえる】 yourは軽く発音されGate 10は[ゲイッテン]と聞こえます。
5	渡航の目的は何ですか。	【こう聞こえる】 what'sはwhat isの短縮形。purpose of yourは[パーパソヴュァ]とつながります。
6	どのくらいの滞在予定ですか。	【こう聞こえる】 going toは[ガナ]と発音される場合があります。
7	スーツケースを開けてもらえませんか。	【こう聞こえる】 open upは[オゥプナッ]とつながり、suitcaseのtは消えがちです。
8	シャトルバスはどこで乗ったらいいのですか。	【こう聞こえる】 getのtは小さな「ッ」に、shuttleは[シャロォ]と聞こえます。

実践編

UNIT 80

ホテルで

ホテルは、現地での家です。快適に過ごすために、しっかり自分の意思を伝えて相手からの確認事項もしっかり理解したいものです。

- □ **1** I'd like to check in, please.

- □ **2** Can I have a room with Internet access?

- □ **3** Can I have a room on a higher floor?

- □ **4** Can I change my room?

- □ **5** Let me look for a room with a better view.

- □ **6** The check-out time is 11 a.m.

- □ **7** Could you please clean our room?

- □ **8** Would you prefer a nonsmoking room?

リスニングのポイント

nの後ろに母音が続くつながりを上手く聞き取りましょう。can I は[キャナイ]、on a は[オンナ]、11 a.m. は[イレヴネイエム]、clean our は[クリーナワ]のように聞こえます。

CD2 27

1 チェックインしたいのですが。
【こう聞こえる】 check in はつながり[checkin][チェッキーン]となります。

2 インターネットが使えるお部屋をお願いします。
【こう聞こえる】 with が Internet[イナネッ]につながります。

3 高層階の部屋がいいのですが。
【こう聞こえる】 have a は[ハヴァ]、room on a は[ルーモナ]となります。

4 部屋を変えることはできますか。
【こう聞こえる】 can I はつながり[キャナイ]と聞こえます。

5 眺めのいいお部屋をお探ししましょう。
【こう聞こえる】 let me は[レッミー]、better は[ベラー]のように聞こえます。

6 チェックアウトの時間は午前11時です。
【こう聞こえる】 out と time がつながって[チェッカウッタイム]、eleven a.m. も[イレヴネイエム]と聞こえます。

7 部屋を掃除してもらえませんか。
【こう聞こえる】 clean our は[クリーナワ]と1語のように聞こえます。

8 禁煙のお部屋がよろしいですか。
【こう聞こえる】 would you は[ウッジュー]とつながります。

実践編

UNIT 81 レンタカー・ドライブ

車を借りるのは難しそうですが、実はそうでもありません。運転に関しても、言うことや聞かれることは決まっていますのでここで練習しましょう。

- ☐ **1** I'd like to rent a car.

- ☐ **2** May I see your driver's license and a credit card?

- ☐ **3** What kind of car are we going to rent?

- ☐ **4** We are running out of gas.

- ☐ **5** I need to go to a gas station.

- ☐ **6** I want to fill up the gas.

- ☐ **7** Ten on eight, please.
  ※給油の前に、ポンプに値段をセットしてもらう際に使う表現

- ☐ **8** I'll pick you up in front of the hotel.

リスニングのポイント

前置詞ofのfがほとんど消えてしまう場合があります。what kind ofは[ワッカイナ(ヴ)]、out ofは[アウラ(ヴ)]、in front ofは[インフラナ(ヴ)]のように発音されます。

CD2 28

1	レンタカーしたいのですが。	【こう聞こえる】 rent a carは[rentacar]とつながり、[レナカー]と聞こえます。
2	運転免許証とクレジットカードを見せてくださいませんか。	【こう聞こえる】 creditのtは小さな「ッ」のようになり、[クレリッカー(ドゥ)]と聞こえます。
3	私たちはどんな車を借りるの？	【こう聞こえる】 what kind ofは[ワッカイナ]、going toは[ガナ]と聞こえます。
4	ガソリンがなくなってきたよ。	【こう聞こえる】 out ofのfが消えてしまい、[アウロ(ヴ)]と聞こえがちです。
5	ガソリンスタンドに行かなくちゃ。	【こう聞こえる】 need toは[ニートゥ]、gas stationは2つのsがつながり少し長いsに聞こえます。
6	ガソリンを満タンにしたいな。	【こう聞こえる】 want toは[ワナ]、fill upは[フィラッ(プ)]と聞こえます。
7	8番ポンプに10ドルお願いします。	【こう聞こえる】 ten on eightはつながり[テノネイッ(トゥ)]と聞こえます。
8	ホテルの前に車で迎えに行くよ。	【こう聞こえる】 pick you up inは[ピッキューアッピン]と聞こえます。

実践編

UNIT 82 観光

観光中はガイドさんや現地の人とコミュニケーションをとったり、聞く英語の幅も広がります。

- □ **1** What a great view!

- □ **2** I have been there a couple of times.

- □ **3** Would you mind taking our picture?

- □ **4** I want the island behind me.

- □ **5** Do you want me to take your picture?

- □ **6** We've got to go to see the art museum.

- □ **7** That place looks interesting, doesn't it?

- □ **8** Yeah, let's check it out.

リスニングのポイント

子音と子音がつながる場合、前の子音が消えがちになります。例えば、want the は [wan_the] [ワンダ]、island behind me は [islan_behin_me] [アイランビハインミー]、want me は [wan_me] [ワンミー] と聞こえます。

CD2 29

1	すごくいい眺めね！	【こう聞こえる】 what と a は [ワラ] と聞こえ、great の t は消えがちです。
2	そこには2、3回行ったことあるよ。	【こう聞こえる】 I have は I've となり、a couple of は [アカポォ] と聞こえます。
3	私たちの写真を撮ってもらえませんか。	【こう聞こえる】 would you は [ウッジュー] とつながり、mind の d はほとんど聞えません。
4	その島を背景に入れてもらえませんか。	【こう聞こえる】 want の t、island の d、behind の d は消えてしまいます。
5	写真をお撮りしましょうか。	【こう聞こえる】 want の t は消え、take your は [テイキュア] と聞こえます。
6	美術館を見に行かないといけないね。	【こう聞こえる】 we've の ve はほとんど消え、got to は [ガラ] と聞こえます。
7	あの場所おもしろそうじゃない？	【こう聞こえる】 that の後ろの t は小さな「ッ」のようになります。
8	そうだね、行って確かめてみよう。	【こう聞こえる】 check it out は [チェキラウッ] とつながって聞こえます。

実践編

UNIT 83 道を尋ねる・教える

見知らぬ土地に行けば、道に迷うことがあるかもしれません。また、日本でも観光客に道を尋ねられることがあるかもしれません。どちらの立場でも対応できるようにしましょう。

1. Excuse me, but where is the shopping center?

2. Turn right at the next corner.

3. Could you tell me how to get to Union Street?

4. Just go down this street for five blocks.

5. It's right next to the pet shop.

6. The restrooms are at the end of the hall.

7. This street leads you to the park.

8. You can't miss it.

リスニングのポイント

子音＋t音で終わる語の後ろに子音で始まる語が続くと、そのt音は消えてなくなることがあります。next cornerは[nex_corner][ネクスコーナー]、just goは[jus_go][ジャスゴウ]、next toは[nex_to][ネクストゥ]と聞こえます。

CD2 30

1 すみませんがショッピングセンターはどこですか。
【こう聞こえる】 where isはwhere'sと短縮され、centerのtは聞こえないときもあります。

2 次の角を右に曲がってください。
【こう聞こえる】 atのtは小さな「ッ」になり、nextのtは消えてしまいます。

3 ユニオンストリートへの行き方を教えてもらえませんか。
【こう聞こえる】 could youは[クッジュー]、tell meは[テォミー]、get toは[ゲットゥ]と聞こえます。

4 この通りを5ブロックまっすぐ行ってください。
【こう聞こえる】 justのt、thisのs、fiveのveは消えてしまいます。

5 それはペットショップのすぐ隣です。
【こう聞こえる】 It'sはit isの短縮形。rightとpetのtは小さな「ッ」に、nextのtは消えてしまいます。

6 トイレは廊下のつきあたりにあります。
【こう聞こえる】 end ofは[エンダ(ヴ)]とつながりfはほとんど聞こえません。

7 この通りを行くと公園に着きますよ。
【こう聞こえる】 leads youは[リージュー]とつながります。

8 見落とすはずはありません。
【こう聞こえる】 can'tのtは消えがち、miss itは[ミスィッ]となります。

実践編

UNIT 84 買い物（ファッション）

現地でしか買えないものやその土地の名物はしっかりチェックしておきたいものです。店員さんとコミュニケーションがとれれば買い物も楽しくなります。

- □ **1** Can I help you?

- □ **2** I'm just looking, thank you.

- □ **3** How much are these shoes?

- □ **4** I want to try it on.

- □ **5** Where is the fitting room?

- □ **6** This shirt is too big for me.

- □ **7** This sweater is not my color.

- □ **8** It looks nice on you.

リスニングのポイント

this sweaterのようにsで終わる語とsで始まる語が続くと、2つのsがつながってひとつの長いsになって聞こえます。try it onのitやfitting roomのtは[トゥライロン]、[フィリンルーム]のようにラ行の音に聞こえます。

CD2 31

1	いらっしゃいませ。	【こう聞こえる】 helpとyouがつながり[ヘォピュー]のように聞こえます。
2	見ているだけです。	【こう聞こえる】 justのt、lookingのgは消えてしまいます。
3	この靴はいくらですか。	【こう聞こえる】 theseのseは小さな「ッ」のようになり、shoesのshにつながります。
4	それを試着したいのですが。	【こう聞こえる】 want toは[ワナ]、try it onは[トゥライローン]と聞こえます。
5	試着室はどこですか。	【こう聞こえる】 where isはwhere'sとなり、fittingは[フィリン]と聞こえます。
6	このシャツは私には大きすぎます。	【こう聞こえる】 Thisのsはshirtのshにつながります。
7	このセーターの色は私には似合いません。	【こう聞こえる】 Thisのsとsweaterのsがつながり長いsになります。
8	お似合いですよ。	【こう聞こえる】 Itのtは消え、nice on youは[ナイソンニュー]と聞こえます。

実践編

UNIT 85 買い物（コンビニ）

喉が渇いたときやおなかがすいたとき、ちょっとしたことで便利なコンビニで必要なものがスムーズに手に入れられるように練習しましょう。

- 1 Do you have m&m's?

- 2 Where can I find milk?

- 3 Do you carry picture postcards?

- 4 We are out of them.

- 5 They are not on sale.

- 6 That'll be eight twenty-five.

- 7 Do you accept credit cards?

- 8 Can I use this coupon?

リスニングのポイント

外来語の発音を上手く聞き取りましょう。m&m'sは[エメネームズ]、ミルク(milk)は[ミォク]、セール(sale)は[セイォ]、クーポン(coupon)は[キューパン]と聞こえます。

CD2 32

1 エム・アンド・エムはありますか。

【こう聞こえる】 m&m'sはつながって[エメネームズ]と聞こえます。

2 ミルクはどこにありますか。

【こう聞こえる】 milkは[ミルク]ではなく[ミォク]のように聞こえます。

3 絵はがきはありますか。

【こう聞こえる】 postcardsのtは聞こえません。

4 品切れでございます。

【こう聞こえる】 out ofはつながり、ofのfはほとんど聞こえません。

5 それらはセールではございません。

【こう聞こえる】 notとonがつながり、tはdやラ行の音のように聞こえます。

6 合計8ドル25セントでございます。

【こう聞こえる】 That'llはThat willの短縮形。twentyは[トゥウェニー]と聞こえます。

7 クレジットカードで払えますか。

【こう聞こえる】 creditのt音は小さな「ッ」のようになり、ほとんど聞こえません。

8 このクーポンは使えますか。

【こう聞こえる】 Can Iは[キャナイ]、couponは[キューパン]のように聞こえます。

実践編

UNIT 86 レストラン

アメリカでは食べきれなければ持って帰るのが当たり前です。恥ずかしいなんて思わず「包みましょうか」と言われたら、「Yes, please.」と答えましょう。

- [ ] **1** Could I take your order?

- [ ] **2** Soup or salad?

- [ ] **3** May I take that for you?

- [ ] **4** I'm still working on it.

- [ ] **5** Could I have a box for this?
  ※残り物を持ち帰りたいとき

- [ ] **6** Certainly.

- [ ] **7** Let me wrap it up for you.

- [ ] **8** Can I have the check, please?

リスニングのポイント

レストランで「スープとサラダとどちらになさいますか」とよく聞かれますが、soup orはつながって[スーパー]に聞こえたりします。saladの最後のdも小さくしか聞こえませんので、[スーパーサラッ]と聞こえます。

CD2 33

1 ご注文よろしいでしょうか。
【こう聞こえる】 take yourは[テイキュァ]と聞こえます。

2 スープとサラダとどちらになさいますか。
【こう聞こえる】 soup orがつながり[スーパー]と聞こえます。

3 空いたお皿をおさげしましょうか。
【こう聞こえる】 takeのkeは消えがちです。

4 まだ食べてます。
【こう聞こえる】 workingのgは消え、on itは[オニッ]とつながります。

5 これ用の箱をいただけませんか。
【こう聞こえる】 Could Iは[クダイ]、have aは[ハヴァ]と聞こえます。

6 かしこまりました。
【こう聞こえる】 tの音が鼻にかかった「ン」の音に変化し[cer・nly] [サーンリー]と聞こえます。

7 お包みいたしましょうか。
【こう聞こえる】 let meは[レッミー]、wrap it upは[ラッピラッ(プ)]と聞こえます。

8 お勘定お願いします。
【こう聞こえる】 can Iは[キャナイ]とつながり、checkのkの音は消えがちです。

実践編

UNIT 87

カフェ

アメリカのカフェのほとんどのものはテイクアウトが可能です。天気のいい日はコーヒーを片手に散歩をするのもいいですね。

- [ ] 1 For here, or to go?

- [ ] 2 Can I get a hot chocolate to go?

- [ ] 3 I'll have an iced tea.

- [ ] 4 Can I have a cup of coffee?

- [ ] 5 Would you like cream and sugar?

- [ ] 6 What kind of juice would you like?

- [ ] 7 Why don't we move to that table over there?

- [ ] 8 Please wait till your number is called.

リスニングのポイント

外来語の発音を聞き取りましょう。ココアは英語でhot chocolate[ハッチャカリッ]と聞こえます。iced tea(アイスティー)は[アイスッティー]、table(テーブル)は[テイボォ]です。

CD2 34

1	店内でお召し上がりになりますか、お持ち帰りですか。	【こう聞こえる】 forとtoは軽く発音されます。hereは上げ調子、goは下げ調子です。
2	ココアを持ち帰りでお願いします。	【こう聞こえる】 get aは[ゲラ]とつながり、hot chocolateのtはいずれも小さな「ッ」になります。
3	アイスティーをください。	【こう聞こえる】 I'llはI willの短縮形。iced teaは[アイスッティー]と聞こえます。
4	コーヒーを1杯ください。	【こう聞こえる】 a cup of coffeeは[アカパカーフィー]に聞こえます。
5	クリームと砂糖はいかがですか。	【こう聞こえる】 would youは[ウッジュー]、cream andは[クリーマン]となり、andのdは消えてしまいます。
6	どんな種類のジュースがいいですか。	【こう聞こえる】 what kind ofはつながりofのfが消え、[ワッカインダ]のように聞こえます。
7	あっちのテーブルに移らない？	【こう聞こえる】 don'tのtは消えがちでthatの後ろのtは小さな「ッ」のように聞こえます。
8	番号が呼ばれるまでお待ちください。	【こう聞こえる】 wait tillは[ウェイロォ]に聞こえます。

実践編

UNIT 88 トラブル

旅行で予期しない出来事に遭遇したとき、言葉がわからないという理由で被害拡大なんてことにはしたくありません。

- **1** I lost my wallet.

- **2** Did you get hurt?

- **3** I took the wrong bus.

- **4** I'm still suffering from jet lag.

- **5** I got a flat tire.

- **6** We got lost.

- **7** I got my purse stolen.

- **8** Stick them up!

リスニングのポイント

tで終わる語の後ろに子音で始まる語が来た場合、tは小さな「ッ」のようなつまった音になります。get hurtは[ゲッハー(トゥ)]、got lostは[ガッロース(トゥ)]、got myは[ガッマイ]のように聞こえます。

CD2 35

1 財布をなくしてしまった。	【こう聞こえる】 lostとwalletのtは消えがちです。
2 けがをしましたか？	【こう聞こえる】 getのtは小さな「ッ」のようなつまった音になります。hurtはheart(心)と違い、口をあまり開きません。
3 違うバスに乗ってしまいました。	【こう聞こえる】 tookのkとwrongのgはほとんど聞こえません。
4 まだ時差ぼけに苦しんでいます。	【こう聞こえる】 jetのtは小さな「ッ」のようになりlagのgはほとんど聞こえません。
5 タイヤがパンクした。	【こう聞こえる】 got aはつながって[ガラ]に、flat tireは[フラッタイア]に聞こえます。
6 迷子になりました。	【こう聞こえる】 got lostはつながり[ガッロース(トゥ)]のように聞こえます。
7 バッグを盗まれた。	【こう聞こえる】 purseのsとstolenのsがつながり少し長いs音に聞こえます。
8 手をあげろ！	【こう聞こえる】 Stick themがStick'emとなり、[スティッケマッ(プ)]と聞こえます。

実践編

★著者紹介★

山崎 祐一　Yuichi Yamasaki

長崎県出身。カリフォルニア州立大学サンフランシスコ校大学院修士課程修了。現在、長崎県立大学教授。専門は英語教育学、異文化間コミュニケーション、英語発音法。日米の国際家族に育ち、言葉と文化が不可分であることを痛感。アメリカの大学で講義を9年間担当。数々の通訳業務や映画の翻訳にも携わり、依頼講演は800回を超える。NHK総合やTBSなど、テレビや新聞等でも英語教育や異文化理解に関する解説やコメントが紹介される。TOEFL（PBT）673点（TOEIC換算990点）、TSE（Test of Spoken English）スピーキング・発音部門満点、TWE（Test of Written English）満点。著書に『英会話の教科書』、『絶対使えるカジュアルイングリッシュ』、『世界一やさしい すぐに使える英会話超ミニフレーズ300』、『瞬時に出てくる英会話フレーズ大特訓』、『ネイティブが会話で1番よく使う英単語』(以上、Jリサーチ出版) など。

カバーデザイン	滝デザイン事務所
本文デザイン／DTP	株式会社 創樹
カバー／本文イラスト	イクタケマコト
ナレーション	Jack Merluzzi
	水月優希

瞬時にわかる英語リスニング大特訓

平成24年（2012年）6月10日　　初版第1刷発行
令和元年（2019年）10月10日　　第6刷発行

著　者	山崎祐一
発行人	福田富与
発行所	有限会社　Jリサーチ出版 〒166-0002　東京都杉並区高円寺北2-29-14-705 電話 03 (6808) 8801 (代)　FAX 03 (5364) 5310 編集部 03 (6808) 8806 http://www.jresearch.co.jp
印刷所	（株）シナノ パブリッシング プレス

ISBN978-4-86392-106-1　禁無断転載。なお、乱丁・落丁はお取り替えいたします。
Copyright© 2012 Yuichi Yamasaki. All rights reserved.

大好評！

中学レベル だれでもできる

かんたんフレーズが英語の瞬発力を鍛え上げる！

英語大特訓シリーズ

CD2枚付

各1400円（本体）

カンタン英語で話しまくれ！
瞬時に出てくる
英会話フレーズ大特訓
精選810フレーズ CD2枚付

山崎 祐一 著　CD2枚付 定価：1400円（本体）

言いたい表現がすぐに出てくる、英会話の瞬発力を鍛えるための本。簡単な会話フレーズで「日本語」→「英語」の転換練習をする事で効果を発揮。ヒントや解説が充実しているので、眠っている英語の知識を掘り起こしながら学習できる。日常生活・旅行・ビジネスで役立つ。初級～中級者向け。
日本語と英語を交互に録音したCD2枚付。

売れてます！

	キーフレーズでがっちり身につける	
80の文法ルールで話しまくれ！	**会話できる英文法大特訓**	CD2枚付
カンタン英語を聴きまくれ！	瞬時にわかる **英語リスニング大特訓**	CD2枚付
カンタン英語で話しまくれ！	どんな場面でも瞬時に話せる **英単語フレーズ大特訓**	CD2枚付
カンタン英語で話しまくれ！	キレイに話せる **発音フレーズ大特訓**	CD2枚付
どんなビジネスシーンでも	瞬時に話せる **英会話フレーズ大特訓 ビジネス編**	CD2枚付

全国書店にて好評発売中！
商品の詳細はホームページへ　｜Jリサーチ出版｜ 検索

http://www.jresearch.co.jp

Jリサーチ出版

〒166-0002　東京都杉並区高円寺北2-29-14-705
TEL03-6808-8801　FAX03-5364-5310

ツイッター 公式アカウント @Jresearch_ 　アドレス https://twitter.com/Jresearch_

全国書店にて好評発売中!

リサ・ヴォートの英語リスニング&英会話の本

英語がどんどん聞き取れる!
リスニンガールの耳ルール30
CD2枚付

prettyはpreddy、butterはbudder。実際の聞こえ方にフォーカスした実用志向のリスニング基本書。アメリカの小学生が習う母音や子音の基本から、英語の音のしくみを体系的に学べます。

リサ・ヴォート 著
定価1,400円+税

元NHKラジオ講師
日本テレビ系『世界一受けたい授業』に英語の先生役として出演

とってもわかりやすいと大評判

英語の音がどんどん聞き取れる
魔法のリスニング
英語の耳づくりルール120 CD付

英語の音は2語・3語の連結で聞き取る。初心者でも十分ナチュラルスピードが聞き取れるようになります。日常最も使われる重要表現ばかりを厳選。CDにはゆっくり・ナチュラルスピードの2回読みを収録。

リサ・ヴォート 著
定価1,000円+税

映画のセリフもどんどんキャッチできる
魔法の英語 耳づくり
聞き取れない音をゼロにする集中耳トレ120 CD付

アルファベットごとに英語特有の聞き取りづらい音の連結・消失パターンを集中トレーニング。ネイティブのナチュラルな会話がしっかり聞き取れる力が身につきます。

リサ・ヴォート 著
定価1,000円+税

英語がラクラク話せる!
シャベリタガールの英会話ルール30
CD付

覚えるルールはたったの30。確認の「だよね?」は、Don't you?、都合を尋ねるmake it、「っぽい」の〜ishなど、実際の英会話でよく使うキーフレーズをコエダシ練習。実用志向の英会話基本書。

リサ・ヴォート 著
定価1,400円+税

---

http://www.jresearch.co.jp **Jリサーチ出版**
〒166-0002 東京都杉並区高円寺北2-29-14-705
TEL03-6808-8801 FAX03-5364-5310

ツイッター公式アカウント @Jresearch_ アドレス https://twitter.com/Jresearch_